Una visión Kabbalística de la ciencia

Mike Bais

Una visión Kabbalística de la ciencia
Escrito por Mike Bais del Círculo de Avalon (Circle of Avalon)
Escuela de Kabbalah y de la tradición de misterio Occidental.

Publicado por Círculo de Avalon (Circle of Avalon).
Copyright © Mike Bais 2024

Primera edición en español 2024.

Traducción y Edición en Español: Aida Seguin.
Todos los diagramas producidos por Mike Bais y con el permiso amable de Zév ben Shimon Halevi.
Foto de portada: Joyce Sterrenberg.

El derecho moral del autor ha sido declarado.

Todos los derechos reservados.
Ninguna parte de este libro puede ser escaneada, reproducida, o almacenada total o parcialmente en un sistema de recuperación o transmitido en ninguna forma o por ningún medio sin permiso previo por escrito por parte de la compañía editorial, ni ser circulado en ninguna forma, sea física o electrónica.

ISBN: 978-90-829990-2-0

Contactar al autor: mike@circleofavalon.nl

Dedicación
Al Sagrado Uno, Quien se ha revelado a Sí mismo a través de la existencia en todo su Esplendor y Belleza.

Índice:

Reconocimientos		6
Prefacio del Editor en Español		6
Prefacio		8
Prólogo		9
Parte 1:	Biología en el micro y macro mundo	11
	Introducción: Un libro de la vida	
Capítulo 01:	Los sentidos y el mundo	17
Capítulo 02:	La célula y el Árbol de la Vida	21
Capítulo 03:	La membrana	27
Capítulo 04:	La percepción controla el comportamiento	31
Capítulo 05:	Placebo y nocebo	35
Capítulo 06:	ADN y ARN	49
Capítulo 07:	Memoria	53
Capítulo 08:	El mundo de Assiah como un espejo	61
Capítulo 09:	Percepciones	67
Capítulo 10:	Cambios y consecuencias	73
Capítulo 11:	La Kabbalah en práctica	77
Capítulo 12:	Programados para la vida	85
Parte 2:	Física Cuántica	89
	Introducción: Física Cuántica	
Capítulo 13:	La habilidad causal de la consciencia dentro del alma	93
Capítulo 14:	Física cuántica y creación	99
Capítulo 15:	Supramental y arquetípico	101
Capítulo 16:	Cuatro mundos	105
Capítulo 17:	Alma y reencarnación	111
Capítulo 18:	Propósito	115
Capítulo 19:	Totalidad	121
Capítulo 20:	Yesod como un espejo	125
Conclusión		127

Reconocimientos
Me gustaría agradecer a todos aquellos quienes me han alentado a escribir este libro: Z'ev ben Shimon Halevi, mi maestro de Kabbalah en esta tradición; Dennis Agterberg, quien me ayudó con los diagramas Kabalísticos y con las preparaciones técnicas; mi familia, que siempre ha creído en mí; Ramona Gault, mi editora, y Robert Schrover, quien ha revisado mi trabajo y me dio muchas sugerencias valiosas.

A toda la gente que he tenido el privilegio de enseñar a través de los años, de quienes he aprendido tanto.

Prefacio del Editor
Si tienes este libro en tus manos, seguramente es porque estás en búsqueda de respuestas. Probablemente tienes conocimientos previos acerca de Kabbalah y de la ciencia, de la física cuántica, y una parte de ti intuye que la espiritualidad no está peleada con la ciencia, sino por el contrario, es como si se tratara de la misma moneda mostrando dos caras distintas.

En mi propia búsqueda espiritual, fue que en el solsticio del verano de 2021 que tuve la gran fortuna de conocer al autor de este libro, mi mentor y maestro, Mike Bais. En los años que llevo siendo su alumna, he podido conocer la vastedad de conocimiento que tiene que ofrecer al mundo, trayendo a la luz los principios espirituales Kabbalísticos para una práctica diaria que es relevante para el mundo moderno. La Kabbalah no es una tradición excluyente, ni que venga sola. Tiene tantas capas y vertientes de alcance que nos pide una apertura de mente y espíritu para poderlas integrar a nuestra experiencia humana, enriqueciéndola y haciéndola recordar la Unicidad de la cual venimos y la cual muy fácilmente olvidamos con las distracciones y preocupaciones comunes de la vida.

Originalmente contacté a Mike por mi búsqueda de información acerca de las mitologías Artúricas, pero por azares del destino, la Kabbalah ha tomado el escenario central de sus enseñanzas. Hoy por hoy, comprendo que conocer los fundamentos de la Kabbalah nos permite ver con ese ojo Kabbalístico cómo sus principios están presentes en todas las mitologías, tradiciones y costumbres y, también, en la ciencia misma. Por ello, la Kabbalah está en el centro de todo el esfuerzo de enseñanza de Mike.

He podido apoyarlo ya en varios proyectos en estos años: co-editando dos libros en inglés (el segundo de esta serie y otro más publicado por Watkins), grabando una serie de programas en YouTube, entre otras cosas más que estamos desarrollando para una audiencia de habla inglesa.

Como hispanoparlante, y reconociendo que nadie está enseñando estos principios Kabbalísticos de una manera tan práctica y aterrizada a los tiempos modernos, de una manera inclusiva y de fácil acceso, le propuse a Mike que tradujéramos sus libros al español. Para mí queda muy claro que esta información debe alcanzar a las personas que hablamos castellano, porque en muchos casos la información, o es muy limitada o sigue teniendo un sesgo ritualístico que dificulta que la persona común y gentil pueda beneficiarse de las enseñanzas de esta bellísima tradición.

Y es así como "Una visión Kabbalística de la ciencia" está ahora disponible en mi lengua madre. Ha sido un trabajo largo y arduo de años llegar hasta aquí; pasar desde la primera etapa de traducción, para luego pasar a una revisión exhaustiva y edición minuciosa, ya que muchos de los términos Kabbalísticos que son muy conocidos en la lengua inglesa no tienen una forma definitiva de expresarse de manera tan directa en español. Así que tuve la tarea de encontrar las palabras y términos más adecuados para expresar el significado que Mike le estaba dando a la información que nos presenta en este libro.

Mi tarea como traductora y editora es ser lo más fiel posible a lo que el autor quiere decir, ya que estoy, no sólo en el servicio de la tradición porque ahora formo parte de ella, sino en servicio del autor, del contenido del libro, y del Poder de Vida Uno que está manifestándose a través de esta obra. Por ello, pasamos muchas horas revisando juntos todo el material, encontrando la manera más fidedigna de expresar en español los términos e ideas aquí presentados.

Les doy un ejemplo muy concreto: el uso de la palabra "hado" y "destino". En México, por lo menos, llamamos "destino" a todo aquello que nos ocurre que viene mandado desde el cielo, algo que no podemos controlar, algo que es inevitable. Rara vez, sino es que nunca, utilizamos la palabra "hado".
Pero, en inglés, Mike utiliza la palabra "destiny" para referirse al destino que viene desde el cielo, desde lo elevado, y "fate" el "destino inferior", aquél que viene de un nivel más mundano, desde el inconsciente y que parece también ser inevitable. Pero… ¿Es esto así? Como descubrirás más adelante, no se puede usar la palabra "destino" indiscriminadamente, pero encontramos la palabra "hado" para referirse a este otro nivel de "destino inferior", por llamarlo de alguna manera.

Así, podrán ir encontrando algunas notas a pie de página aclarando cómo hemos ido adaptando ciertas palabras al español que no tienen el mismo sentido en su traducción literal, encontrando las mejores alternativas, pero mostrando el sentido original tal como fue escrito en inglés como una forma de reforzar la idea que nos está compartiendo.

Es para mí un gran orgullo el darles la bienvenida a esta aventura Kabbalística, la cual nos recuerda que la causa y razón por la cual existimos es por el Amor que el Creador Divino tiene hacia nosotros, hacia su creación. ¿Cómo vamos a elegir tomar nuestro lugar en ese Árbol de la Vida Divino?

Aida Seguin,
México, 2024.

"Que todo sea reconocido como la Luz del Amor mutuo". – José Argüelles.

Prefacio

Estás sosteniendo en tus manos el primer libro que jamás he escrito.
En mi computadora hay material suficiente para tal vez cinco libros o más.
Empecé a escribir este libro hace años, pero nunca estaba satisfecho con el proceso. Nunca era lo suficientemente bueno y, probablemente, nunca lo será.
Y así, yo aprendo como un Kabbalista que todos los procesos en la vida tienen algo que enseñarnos. Este libro ciertamente lo hizo, sobre todo porque mi maestro me alentó por algunos años ya hacia la dirección de escribir.
Mi intento de fecundación cruzada de estas dos hermosas y, al mismo tiempo, complicadas tradiciones como la Kabbalah y la ciencia moderna, es un reto real para mí. Lo que es más importante son las voces de estas dos tradiciones y cómo se convierten en una sola voz. Me gustaría llevarte hacia este mundo en el cual el misticismo y la ciencia física se armonizan.

Prólogo

Todos vivimos en el mundo físico cuando nacemos. En este planeta, y en este cuerpo, desempeñamos muchas acciones y tareas. La biología y la física clásicas explican muchos de estos fenómenos en sus campos de especialización.
La Kabbalah ha descrito el mismo mundo de seres vivientes, de la materia y de los sentidos como la expresión particular de la Divinidad: el mundo de la acción. Además del hecho de que ambas tradiciones hablan de la misma realidad, ellas van en proximidad cada vez más cercana conforme la consciencia y la materia se reúnen como dos lados de la misma vida.

Esta creciente síntesis tiene consecuencias de largo alcance para nosotros como seres humanos sobre cómo nos vemos a nosotros mismos y las responsabilidades que tenemos. La Kabbalah nos ha enseñado a lo largo de muchos siglos que el ser humano tiene todos los mundos dentro de sí mismo/sí misma. La epigenética, la física cuántica y todo lo que surge de esta investigación cuentan la misma historia, cada una a su propia manera.

Tengo una formación científica y médica, y he sido un maestro de la Sociedad de Kabbalah por muchos años. He visto los paralelos entre la ciencia y la Kabbalah, un lugar en el cual dos mundos se encuentran, y deseo crear un puente para unirlos.

La tradición de la Kabbalah de Toledano está viva conforme crece, se adapta e integra lo antiguo con lo nuevo. Los temas científicos discutidos en este libro no fueron investigados originalmente en relación con la Kabbalah. Tanto la tradición de la Kabbalah como la tradición científica son senderos que nos llevan a nuevos descubrimientos. La palabra final acerca de estas fuentes de conocimiento no se ha dicho aún. El libro que estás sosteniendo ahora es tanto una aventura como una exploración.

Este mundo, el universo, y todo lo que vive ahí ha sido invocado, creado, formado y hecho en un diseño que no conoce coincidencias o errores.
Así que saca tu microscopio Kabbalístico y vayamos juntos hacia ese mundo.

Aquí inicia nuestro viaje.

PARTE 1 – Introducción: Un libro de la vida

El Árbol de la Vida Kabbalístico y el diagrama que le acompaña de la escalera de Jacob (diagrama A) representan un espejo de la existencia, la cual está plasmada en cuatro mundos. El Árbol de la Vida es también llamado los 32 Senderos de la Sabiduría (Etz Chaim) y refleja, no sólo al universo, sino también al ser humano (Adam Kadmon) en todos sus aspectos.

Un macrocosmos y un microcosmos son diferentes en apariencia substancial, pero en su reflejo, son parecidos en principio y esencia. El universo podría, por lo tanto, ser llamado un macrocosmos del ser humano, quien, a su vez, es un microcosmos del universo. El Árbol de la Vida es la sabiduría de las estrellas, de los planetas y de todo lo que constituye el universo entero: lo visible y lo invisible.

Desde un punto de vista esotérico, el universo no existe sólo "hacia arriba" en dirección a los cielos en lo alto, sino que se extiende en todas las direcciones, incluyendo dentro de ti mismo. Simultáneamente, dentro del cuerpo humano encontramos células de todo tipo que contienen organismos minúsculos que son similares a los órganos del cuerpo humano, con todas sus funciones correspondientes. Cada célula, desde cualquier tejido específico del cual estemos hablando aquí, tiene todas las mismas funciones que el organismo total, tal como la respiración, el movimiento, la duplicación, la secreción, el alimentarse, etc. Esto hace que cada célula sea un microcosmos del cuerpo físico entero, el cual es un macrocosmos para cada célula.

"Como es arriba es abajo, como es abajo es arriba" equivale a: "Así como es adentro, así es afuera, así como es afuera, es adentro". Cada parte del universo, en menor y mayor tamaño, refleja y articula la totalidad en su propia manera específica. La sabiduría del universo está, por lo tanto, presente en todas las expresiones de la vida.

Me gustaría explicar que, desde una perspectiva Kabbalística, consideramos a la "vida" como todas las cosas que contienen consciencia. Desde lo mineral, lo vegetal, lo animal, y desde lo humano hasta lo angélico y arcangélico, todos contienen consciencia (o son contenidos por ésta). Las ciencias materialistas como la biología entienden a los seres vivos y a la "vida" como orgánica en contraste con los seres y las substancias inorgánicas, los cuales están "muertos". En este libro, partiendo desde una tradición Kabbalística, hablamos de la "vida" como todas las cosas que fueron invocadas desde ese mundo de consciencia y unidad puras: Aziluth.

El nombre hebreo para este primer mundo de emanación, Aziluth, puede ser traducido como el mundo "cerca de Dios". Es este mundo el que invoca a todos los otros mundos de creación, formación y acción. En esa implicación de la consciencia en los tres mundos inferiores, toda substancia sutil y elemental es permeada por este mundo de primeros inicios. Todos estos mundos o realidades están presentes dentro del Árbol de la Vida. A través de este hecho, todos los mundos están dentro de ti y fuera de ti.

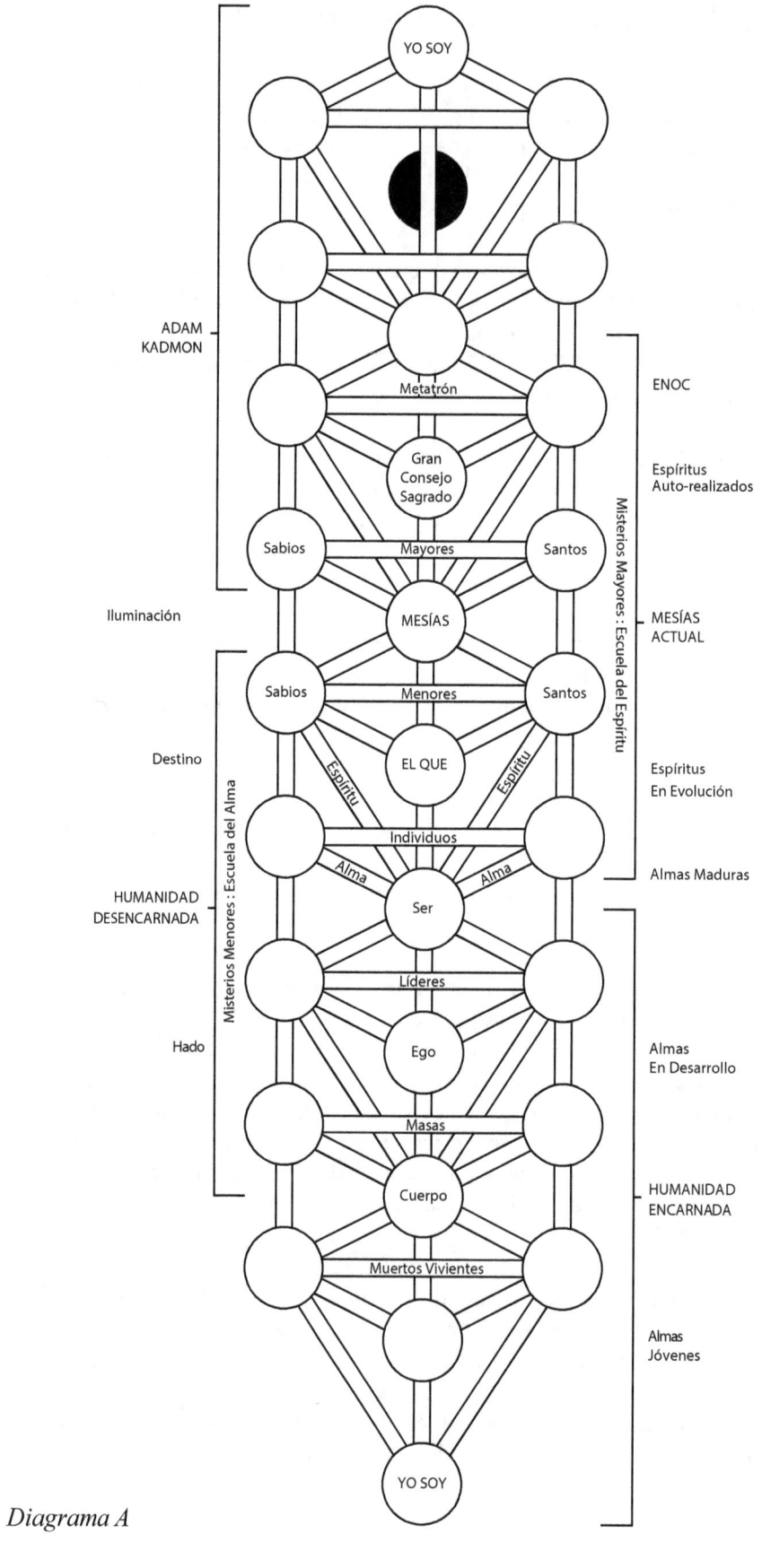

Diagrama A

Un árbol como un símbolo para la vida Divina, arcangélica, angélica, humana y terrenal, no fue elegido por accidente, como nada lo es en la Kabbalah. El árbol es tanto un símbolo como una metáfora antiguos utilizados para expresar los mundos universal y terrenal: el reino de los dioses y de la humanidad. Además de esto, es un símbolo "orgánico": algo que crece, respira, decae, muere, etc., así como el ser humano y el mundo en el cual estamos viviendo. El árbol siempre ha sido una creatura de memoria, sabiduría y edad avanzada.

Paralelo a la mitología del árbol, encontramos las historias místicas de Adán y Eva, quienes, de acuerdo con la tradición, fueron expulsados del paraíso. Con el corazón roto y en una profunda miseria, lloraron por la gran pérdida de encontrarse lejos de la Presencia de Dios. Expulsados del Edén porque comieron del árbol del "bien y del mal", tuvieron que asumir las consecuencias de su acto debido a su elección.

Sin embargo, no fueron dejados sin nada, pues a partir de ese día, fue dicho en el libro de Ratziel que cada mañana, el gran Arcángel de Chocmah (la sabiduría) reveló el libro de la sabiduría al mundo para aquellos quienes desearan escuchar.

El Nestorah Chocmah, o conocimiento oculto, no fue arrebatado del mundo, sino más bien entregado cada día, o cada momento de vigilia, a quienes desearan recibirlo. No olvidemos que el nombre Kabbalah significa "recibir", es decir, no sólo la forma de la transmisión oral, de boca a oído, sino la recepción a través de la sabiduría interna. Esa sabiduría fue entregada a la humanidad (Adán) cuando ellos habitaron la tierra. El Sepher Ratziel o el libro de Ratziel es la revelación y la visión de Dios de que el Santísimo no es el secreto del universo, sino que el mayor secreto de la humanidad son los humanos, es decir, él y ella mismos.
Sí, hay un misterio que yace más allá de los sentidos ordinarios, y sin embargo, este misterio se revela a sí mismo continuamente en todas las formas y energías, y a través de todos los mundos.

Esta revelación se desplegó del corazón de Aziluth, el lugar del Yahvé Menor, es decir, el gran Arcángel Metatrón, el maestro de maestros. El movimiento de la creación desde el Tifareth de Aziluth hacia el Chocmah de Briah continúa en el pilar opuesto, donde Binah (el entendimiento) y el principio del Arcángel Tzaphquiel yacen esperando. Este arcángel es llamado la contemplación de Dios.

Siguiendo el Tzimtzum o Relámpago hacia abajo en el Árbol de la Vida, éstos son los "padres" creativos de aquello que aún está por ser creado, formado y hecho. Los principios metafísicos de la energía y la forma están presentes dentro de estas dos emanaciones, como la parte superior de los dos pilares laterales del Árbol de la Vida. La revelación de Dios ya se ha vestido a sí misma, por así decirlo, en la profunda quietud y santidad de Binah. La sabiduría de Chocmah es recibida y entonces expresada a través de la forma, del tiempo y del espacio.
Es a través de este movimiento Sagrado que la sabiduría se convierte en "oculta" o cubierta en formas incontables en los mundos más sutiles y materiales conforme el Relámpago desciende.

Mientras que la Voluntad (Kav) de Dios se extienda hacia los mundos, la existencia es nutrida y sostenida. Esta cosmología no es de tiempos pasados, sino del preciso momento en que estás leyendo esta línea. Dios se revela a Sí mismo a través de la naturaleza y del tiempo-espacio, momento a momento, desde cada Ahora al siguiente.

Habiendo nacido en el mundo de Assiah, el mundo terrenal de la apariencia física y de las energías ocultas, experimentamos sabiduría y entendimiento en las formas mineral, vegetal y animal. Para algunas almas es posible ver a través de esta apariencia física, observando la realidad subyacente de las formas. En otras palabras, Binah se revela a sí misma más directamente, expresada en objetos y substancias, de las cuales, muchas son audibles, palpables, visionarias, y a través del olfato y del gusto, cognoscibles a los cinco sentidos. Aún así, muchas de las cosas que Binah revela en el mundo material se mantienen al margen del entendimiento de la comprensión humana. Sea que entendamos a la naturaleza metafísica como aparece ante nosotros o no, la sabiduría está presente en cada átomo y molécula que constituye estas diferentes formas y apariencias físicas.

Binah contiene la sabiduría de Chocmah. La Madre lleva al Padre en su útero. "Ama" (madre en hebreo) es "Abba" (padre en hebreo) incógnito. La forma de vida expresa la fuerza de vida. La fuerza de vida mueve a la forma de vida.

En este libro te llevaré a través de los bloques de construcción metafísicos de la naturaleza, donde los principios de los mundos superiores Kabbalísticos se explican a sí mismos a través de conceptos fácilmente accesibles. Tan abstractas como estas leyes puedan parecer son, con frecuencia, mucho más fáciles de comprender que nuestros asuntos del día a día.

La totalidad de la naturaleza es un libro de la vida, un testimonio de lo Divino que alberga todo lo que fue, es y será. Como un libro, la naturaleza contiene información que está almacenada en sus páginas, oraciones y letras. Esta analogía nos dice que todos los fenómenos del mundo se expresan a sí mismos como un "libro de la vida", el cual contiene a la consciencia Divina en energía y forma.

De igual manera, nuestros cuerpos humanos portan la Inmanencia Divina dentro de cada célula. Aceptar esta idea metafísica detrás de la naturaleza hace que nuestro mundo sea completamente diferente de la forma en la que vemos desde la parte inferior de nuestro Árbol de la Vida. En términos más modernos, podríamos traducir "libro" como "manual", y preguntarnos a nosotros mismos: "¿Ya has leído este manual? ¿Hemos leído las instrucciones de cómo el vehículo físico opera y funciona?"

Para la mayoría de nosotros, la respuesta es: "no". El cuerpo te pide atención a través de cuestionamientos instintivos para hacernos descansar, comer, dormir y procrear. No se requiere de mucha consciencia para llevar a cabo estas tareas. Así mismo, las funciones vitales físicas como respirar, el latir del corazón, la circulación e incontables otras no requieren consciencia de la persona para llevarse a cabo.

A pesar de ello, el cuerpo continúa con sus tareas esenciales y vitales para mantener todo dentro del cuerpo trabajando y siendo sostenido. Incluso los cinco sentidos, las herramientas del cuerpo físico, con las cuales examinamos y observamos el mundo, son rara vez utilizadas de manera consciente. Si no estudiamos el manual del cuerpo, ¿Cómo es que podríamos leer este maravilloso libro de la vida? Este libro está inscrito en los átomos, las moléculas, los tejidos, los órganos y el sistema entero de órganos del cuerpo.

Si alguna vez le preguntas a tu cuerpo físico: "¿Qué puedes enseñarme?"
Es muy probable que te responda: "¡Todo lo que necesitas saber!"

Vibrante, impregnado con y comunicando sabiduría interior, el cuerpo físico es la evidencia más confiable de que el mundo físico es como un libro: contiene y recibe todo lo que desciende de los mundos superiores. La sabiduría está presente dentro del ADN de cada célula. La tradición nos dice que Malkuth es la esfera del cuerpo físico y la morada de la Shekinah, la Presencia de Dios en la Tierra.

Comencemos a leer ese libro y podríamos descubrir un atisbo de la Shekinah dentro de él.

Meditación

Percibe, mira y siente tu cuerpo físico; respira a través de él; llega a un sentido de la presencia y del Ahora.

Sé consciente de los elementos dentro del cuerpo que conforman este organismo complejo, consistente de innumerables células. Todas éstas trabajan hacia la unidad y la armonía. Tu cuerpo es el macrocosmos de las células, las cuales son el microcosmos de tu cuerpo. Cada célula refleja la totalidad de tu completitud en tu faceta física.

Ahora, percibe y siente tu piel, cubriendo todo tu cuerpo: sabe que ése es el órgano más grande de todos. A través de la piel, eres capaz de hacerte consciente de lo que hay adentro de tu cuerpo y afuera de tu cuerpo.

Con tus ojos cerrados, sé consciente del interior de tu cosmos físico y del mundo físico exterior.

Formula en tu propia experiencia qué sabiduría te trae esto...

Capítulo 1: Los sentidos y el mundo

El cuerpo físico humano tiene diferentes herramientas para percibir el mundo a nuestro alrededor. El cuerpo está constantemente explorando el entorno a través de diferentes medios como lo son las ondas de luz, las ondas auditivas, las ondas electromagnéticas y la información química.

Cada organismo está íntimamente conectado a su medio ambiente circundante. Podríamos incluso decir que nuestros cuerpos están hechos de las mismas substancias que la naturaleza física a nuestro alrededor. Cuando estás viendo a otro ser humano, tú usas los sentidos para explorar primariamente los rasgos externos de la otra persona. Los cinco sentidos no pueden detectar ninguna otra cosa que no sea el entorno físico. En otras palabras, los sentidos de Malkuth están ahí para observar a Malkuth.

"El Reino tiene cinco sentidos para observar al Reino".

Lo que es importante a recordar es que los sentidos no discriminan o disciernen lo que observan. Son simplemente herramientas para hacer una conexión entre el entorno físico interno y el entorno físico externo (exterior). Un organismo es, por lo tanto, capaz de situarse a sí mismo en el entorno y medio físicos. De acuerdo a la experiencia, un organismo se moverá hacia adelante, lejos de, o permanecerá inmóvil (se estancará) en un determinado entorno. El comportamiento viene de la interacción entre el entorno interno y el entorno externo.

Esto tiene todo que ver con la percepción del mundo a través de nuestros sentidos, los cuales son una extensión del cuerpo físico. Interpretamos el mundo tal como lo experimentamos, de acuerdo a cómo hemos aprendido que es (condicionamiento). Esto significa que no siempre vemos la realidad tal como es en verdad, incluso con nuestros sentidos físicos.

Cuando entramos en el mundo de Assiah (diagrama B) y observamos principalmente lo que está sucediendo en ese nivel de Malkuth, el fundamento elemental de la vida física, vemos que la naturaleza se observa a sí misma. Como se discutió en el párrafo inicial de la introducción de este libro, incluso nuestras células poseen las mismas habilidades sensoriales que los cinco sentidos del cuerpo entero. Éstas tienen las mismas funciones orgánicas que el cuerpo entero tiene, como la respiración, la secreción, la reproducción y el movimiento. La célula es un microcosmos del cuerpo físico entero. Aún más, podemos decir que somos un holograma viviente, ya que cada parte refleja al todo.

A través del tiempo, hemos desarrollado una percepción acerca de nuestros propios cuerpos, nuestra fisicalidad y nuestra biología. En la mayoría de las ciencias, el cuerpo tiene poco que ver con la consciencia y la inteligencia. En algunas ciencias convencionales, el cuerpo era (es) considerado como una máquina, con cada parte separada haciendo que la máquina entera funcione. Podríamos quedarnos atorados durante un largo tiempo en las percepciones de antiguos científicos y profetas que ya no corresponden con nuestro desarrollo e investigación actuales en los campos científicos y esotéricos.

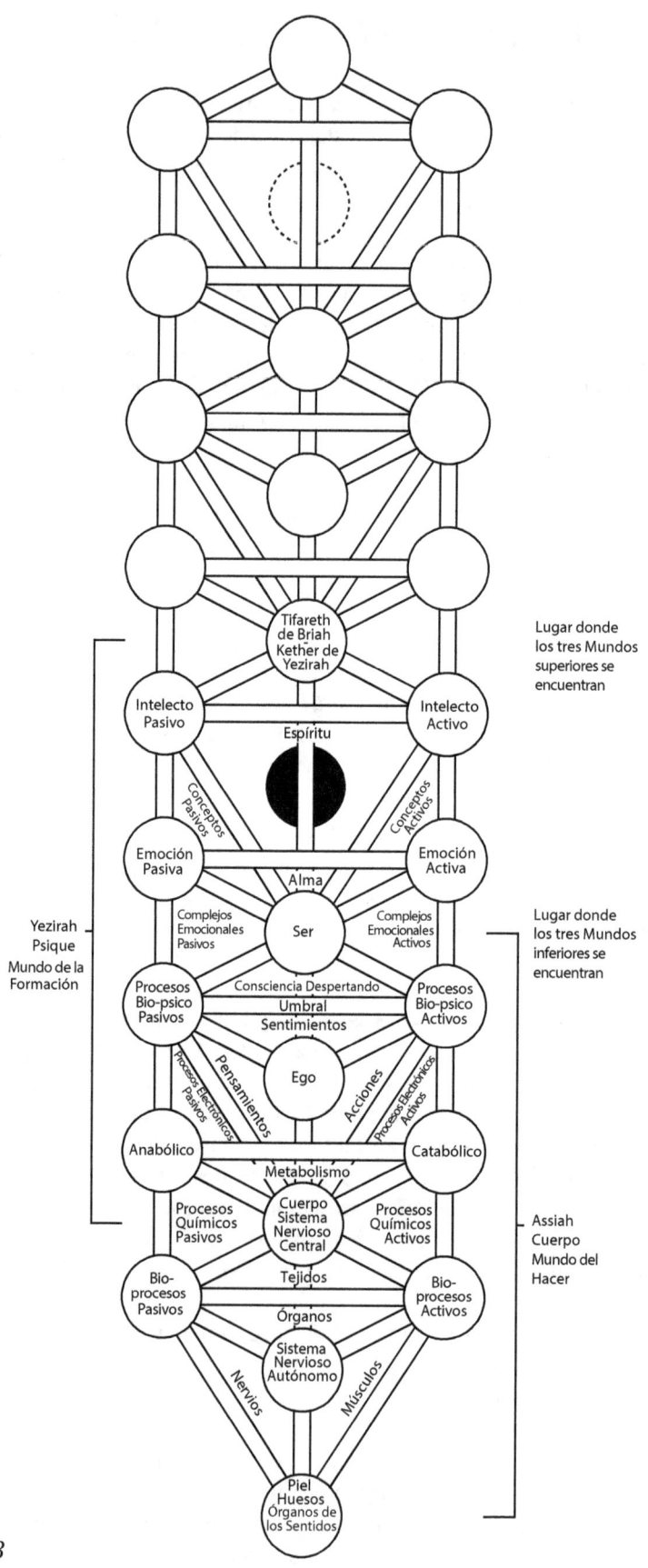

Diagrama B

Darwin, el neo-Darwinismo, Descartes e Isaac Newton nos han traído muchas cosas buenas, pero algunas ideas parecen ya obsoletas y, simplemente, no verdaderas. O, por lo menos, no son aplicables en nuestros tiempos actuales.

La Kabbalah ha demostrado ser una tradición viviente a lo largo de muchos siglos, moviéndose con las necesidades y cambios de los tiempos y de los lugares. Lo que se dice con frecuencia es que la religión en general, y las tradiciones espirituales, no están aquí para la humanidad, sino que están aquí para servir al Espíritu.

La humanidad no está aquí para sí misma, sino para algo más grande. De la misma manera, el mundo no está aquí para nosotros, nosotros estamos aquí para el mundo.

Las tradiciones en todas las direcciones de la vida, ya sean científicas, espirituales, o de cualquier otro tipo, deberían desarrollarse con los tiempos, o terminarán fosilizándose y muriendo. Una tradición creciente, viviente y vibrante necesita gente (almas) que lleve a las viejas formas (tradición) a través de los tiempos, y que las desarrollen hacia un nuevo entendimiento. La Sabiduría se ha mostrado a sí misma a través del tiempo por medio de maestros que han promovido estas ideas metafísicas acerca de la tradición y del espíritu de la renovación.

Después de todo, como Kabbalistas, nosotros trabajamos con el Árbol de la Vida, un símbolo orgánico que es sabio, que está creciendo, adaptándose, sintiendo y evolucionando. Simultáneamente, no olvidemos que estamos parados en los "hombros de aquellos quienes han estado antes de nosotros". No estaríamos donde estamos sin las personas que exploraron la vida en el pasado a través de los medios espirituales y/o científicos.

Investiguemos ahora estas nuevas ideas en relación a la microbiología y la Kabbalah.

Capítulo 2: La célula y el Árbol de la Vida

Comenzamos en el centro mismo del mundo funcional del cuerpo físico: el núcleo de la célula. El núcleo o centro de algo es visto con frecuencia en la "mitad" física de los objetos. Pero... ¿Es esto realmente verdad? ¿Está el centro siempre en el medio (o la mitad) de un objeto físico?

En el centro de la célula (sin importar de qué tipo de célula física estemos hablando), observamos las hebras del ADN y los genes dentro del núcleo. Éstos son/eran considerados como el "cerebro" de la célula. Durante siglos, el núcleo tuvo la reputación de ser la torre de control de la célula, regulando y dirigiendo todos sus procesos. Por analogía, el sistema regulatorio en el cuerpo es el sistema nervioso central.

En Kabbalah, la función del sistema nervioso central y del cerebro se encuentra situada en el Tifareth del mundo de Assiah y en el Malkuth de Yezirah. Para ser más específicos acerca de esto: el cerebro físico es el Malkuth de Malkuth, pero su función se encuentra en el Tifareth de Assiah. La función del sistema nervioso autónomo reside en Yesod de Assiah.

Así, aquí tenemos una célula con su parte física y existencial en Malkuth. En la célula misma, vemos muchos diferentes "sub-órganos" llevando a cabo todas las funciones de vida que el cuerpo entero está ejecutando como un organismo. De acuerdo con algunas hipótesis, el cerebro (sistema nervioso central) de la célula se encuentra en el ácido desoxirribonucleico (ADN), y cada célula tiene una cantidad igual de ADN. El ADN tiene la capacidad de "orquestar" funciones orgánicas, siendo el portador de la información hereditaria.

Se dice que esta información en el núcleo de cada célula dirige y regula los procesos en la célula misma. Es equiparable al cerebro en el cuerpo físico. Remover el cerebro de cualquier organismo causa una disfunción completa de todos los órganos y los reflejos, conduciendo a la muerte inmediata. En segundo lugar, el ADN genera copias de sí mismo, llamado ácido ribonucleico (ARN), para transmitir información, ya que el ADN no se puede mover fuera de la célula. Necesita "clones" para desempeñar ese rol de "mensajero". Podríamos llamar a estas células de ARN Ángeles en la Kabbalah.

Un experimento fue conducido por microbiólogos para poder observar el cambio en el comportamiento de la célula cuando el entorno circundante era alterado, al testear varias células humanas tanto en placas de Petri como en tubos de ensayo. Los organismos (organelos) en cada célula fueron, obviamente, reaccionando a los cambios en el entorno. Curiosos acerca del rol del ADN en el núcleo, retiraron los núcleos de las células. Sorprendentemente, las células no murieron, pero continuaron llevando a cabo las funciones regulares de la misma manera en que lo habían hecho anteriormente. Algunas células vivieron varios meses sin sus núcleos (el supuesto cerebro).

Además de estos sorprendentes resultados, un cambio fue observado dentro de las células. Las células se hicieron "dementes" y comenzaron a perder sus recuerdos. Parecía que se habían olvidado de reacciones del pasado y tenían que reaprender quiénes eran (identidad) y su relación con el mundo exterior. Añadiendo a esto, se encontró la pérdida de la habilidad para aprender algo nuevo. La memoria es como la información que puede ser recordada por la consciencia humana.

La psique humana considera a la memoria como personal, derivada del Árbol de la Vida y de la Escalera de Jacob en la faz inferior de Yezirah donde reside la consciencia personal. Está localizada en la faz superior de Assiah, donde el cuerpo comunica su experiencia con la experiencia de la memoria personal/psicológica. El cuerpo, con Malkuth como la Sefirá de los cuatro elementos en Assiah, tiene su propia inteligencia, incluyendo un tipo particular de memoria.

A pesar de que una comunicación fue observada desde el exterior hacia el interior de las células, y viceversa, las células no se comportaron como si aún tuvieran una memoria o banco de datos. Las primeras conclusiones sacadas de estos experimentos sugerirían que, a pesar de que los núcleos contenían al ADN y a los genes, no poseían la capacidad de dirigir y gestionar a las células.

En otras palabras, los núcleos de las células no eran ni su cerebro ni su centro de control, sino más bien una base de datos de memoria comparable a una biblioteca. Además de esta importante función de almacenamiento de datos, los genes operan como un centro de reproducción. El ARN, el cual puede transportar información, es generado en los genes.

En vez de conocerse a sí mismo a través de la autoconsciencia y del procesamiento consciente de las experiencias, el ADN requiere interacción con su entorno a través del reflejo de Yesod. En otras palabras, el ADN no hace nada por sí mismo, ni tampoco se "enciende" o se "apaga", ya que necesita de un estímulo (consciencia) para hacerlo. La memoria del ADN, por lo tanto, reacciona desde el mundo de los efectos (Assiah).

Yesod en Assiah actúa como el sistema nervioso autónomo/vegetal y tiene la misma función que el ADN: trabaja a través de un programa automático, esperando una instrucción. Mientras que no haya nueva información, el programa no cambiará. Esto es idéntico a la función Yesódica en el nivel psicológico en Yezirah, en donde la psique tiene un cierto programa y no cambia sin un nuevo estímulo.
¿Qué es lo que mueve a que el ADN sea "leído" de una manera diferente?

La respuesta es significativa, ya que el entorno o el mundo exterior determina en gran medida la constitución y el bienestar de tu vida. Un lugar hostil o amistoso pueden hacerte sentir angustiado o feliz, respectivamente, conforme experimentas diferentes percepciones de tu mundo. Estas percepciones envían información a través de medios electromagnéticos y químicos dentro del organismo, y afectan sus funciones (diagrama C).

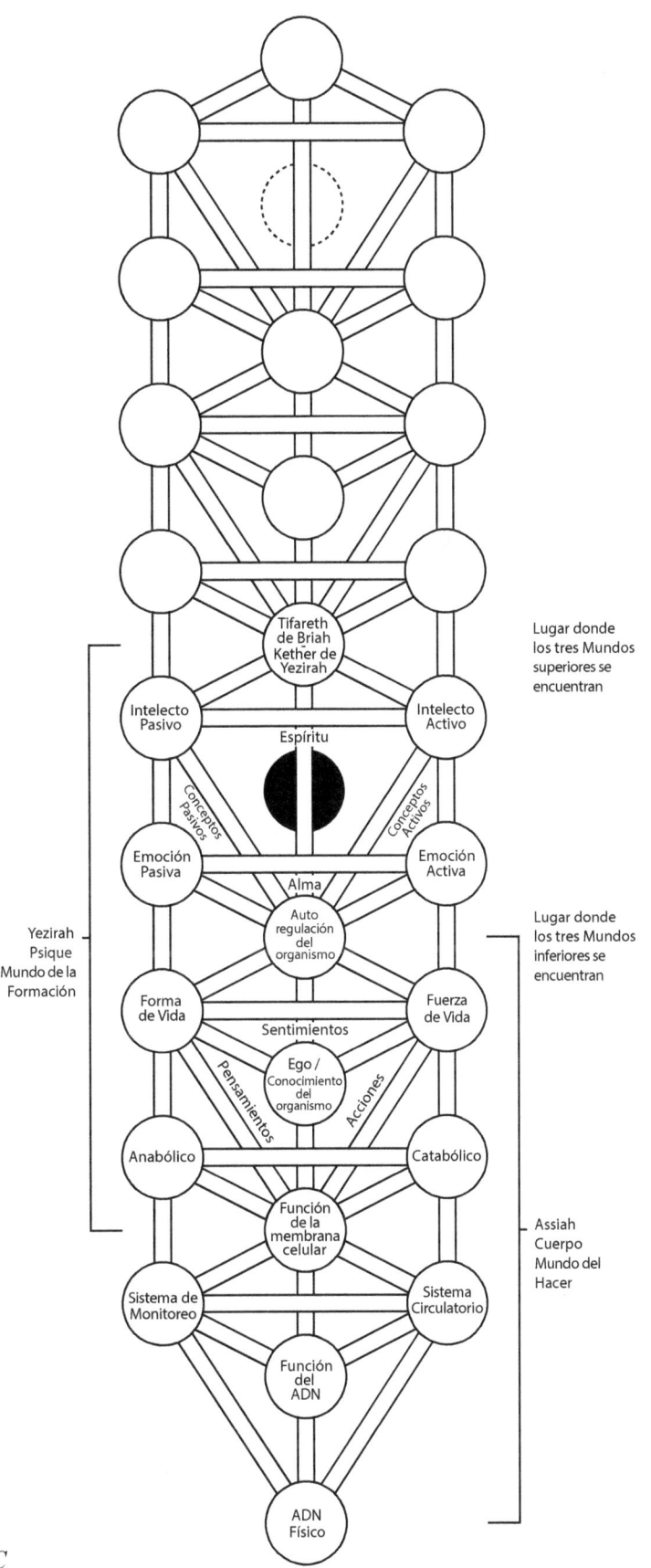

Diagrama C

Adicionalmente al entorno teniendo una enorme influencia en tus genes y teniendo una relación orgánica interdependiente e interactiva, se hace interesante notar hasta qué punto podemos influenciar de manera consciente la forma en la que nos posicionamos dentro del mundo y cómo percibimos al mundo desde adentro hacia afuera. En términos humanos, las percepciones son las creencias.

Cuando quiera que nos quedamos bajo la influencia inconsciente de lo que el mundo (sociedad y cultura) nos trae, somos víctimas del llamado estado hereditario. En ese caso, nuestros genes determinarán nuestro hado, tal como fue la suposición durante décadas. En el Árbol de la Vida, este es el hado general, el cual está demostrado en la tríada mayor del nivel vegetal (inconsciente). Convertirnos en víctimas de nuestra línea hereditaria es el equivalente a ser víctimas de nuestros sistemas de creencias, lo cual significa que no tomamos responsabilidad por nuestras vidas, sino que vivimos las vidas de nuestro entorno (influencia de los padres, etc.).

Algunas preguntas en este momento podrían ser: ¿Cómo te ves a ti mismo?; ¿Cómo te ves a ti mismo en relación con el mundo?

Para verte a ti mismo, necesitas un espejo. Un espejo físico reflejará a tu cuerpo físico, pero un espejo psicológico (Yesod de Yezirah) es requerido para ver tu mundo interno.

Ya que el ADN es un modelo (blueprint, en inglés), pero no el plan final del ser humano, los genes están, en efecto, "esperando" a la información, ya que, sin ella, no pueden moverse ni alterar ninguna situación en su modelo (blueprint).
Un gen no se puede encender o apagar a sí mismo; necesita información del entorno circundante. El ADN le da la instrucción al cuerpo para producir proteínas en la manera en que ha aprendido a hacerlo (para bien o para mal), y así es como el organismo funciona. Esto se puede explicar a través de los experimentos con células madre que son puestas en diferentes condiciones o entornos en laboratorio; de acuerdo al ambiente, van a evolucionar y crecer, convirtiéndose en células específicas, como músculo, grasa, o células cerebrales, etc.

(Podríamos más bien decir que el humano es un "ser humano y un devenir humano".)

Si los entornos no fueran tan importantes y los genes fueran, en efecto, completamente determinados por la estructura de su modelo (blueprint), por ejemplo, desde generaciones anteriores, ellos dictarían totalmente los temas actuales de nuestras vidas y no podríamos ser capaces de cambiar nada al respecto. Considera esto en el contexto de los niños de la segunda generación postguerra, quienes han heredado influencias y recuerdos profundos y traumáticos de sus padres, dados a ellos a través de los genes, pero también a través de la conducta.

Así que… ¿En dónde se encuentra el cerebro en la célula? Si la célula es como una máquina y el cerebro dirige todo a través de sus genes, el código genético está fijo, y también lo está nuestra vida. ¿Qué significa eso para el libre albedrío (alma), la autoconsciencia y la transformación que ello podría suscitar?

Meditación

Siéntate, relájate y trae tu atención a tu respiración.

Toma consciencia de todos los elementos en tu cuerpo físico: tierra, agua, aire y fuego.

Mira, percibe y siente cómo estos elementos se han dado forma a sí mismos como incontables moléculas y células. Algunas son más terrosas, acuosas, airosas o fogosas, pero todas ellas están hechas de los mismos elementos.

Entonces, hazte consciente de una inteligencia dentro de esas unidades de vida. Cada célula tiene una hermosa forma geométrica y simétrica que se expresa a sí misma en el cuerpo que tú habitas. Esta forma es llamada ADN en términos humanos, pero mira ahora cómo este código y forma específicos cambian dentro de cada célula, tomando la forma del Árbol de la Vida.

Ahora, tu cuerpo entero está hecho de células que están compuestas del diagrama Divino del Árbol de la Vida, en donde sus partes reflejan la totalidad.

Mantente en esta consciencia por un rato.

Regresa a tu respiración, abre tus ojos, y trae tu experiencia hacia el aquí y ahora.

Capítulo 3: La membrana

A través de los desarrollos técnicos dentro de la ciencia, se hizo posible observar al interior de las pequeñas partes de la célula y comenzar la investigación dentro de la membrana de la célula.

Durante siglos, la membrana fue meramente considerada como una simple frontera biológica. Había poco interés en investigar la membrana pues, tan pronto como los organismos fueron cuidadosamente detectados y observados dentro de la célula, éstos se convirtieron en objetos más emocionantes que la membrana.

Hasta cierto grado, la piel del cuerpo es comparable a la membrana de la célula: una barrera entre el mundo biológico interno y externo.

Principalmente, la membrana de la célula y la piel abarcan la parte más grande tanto en la célula como en el cuerpo entero. El órgano más grande que el cuerpo biológico humano contiene es la piel. Ésta nos permite tener una experiencia muy definida entre lo interior y lo exterior del cuerpo físico. Debido a esto, el cuerpo (Malkuth y Assiah) tiene un sentido de lo que es "yo" como una identidad del organismo biológico y de lo que el mundo exterior es, considerado como lo que "no es yo".

Toma el ejemplo de una aguja cuando tienes que recibir una inyección. La aguja no es parte de tu identidad biológica, y es rechazada como un material externo y como algo que "no es yo". Incluso sustancias naturales, como una espina que perfora tu piel, son experimentadas como algo que no pertenece a ti y que deben ser removidas.

La piel del cuerpo humano tiene la habilidad de sentir, siendo sensible a muchos diferentes tipos de estímulos táctiles. Considera esto en el contexto de los cinco sentidos en el mundo físico: vista, oído, olfato, gusto y tacto (por lo menos para aquellos organismos que tienen los cinco). Algunos incluso dicen que, a final de cuentas, existe un solo sentido, una forma de detectar las cosas en el entorno, y eso es a través del tacto. Piensa acerca de ello. El ojo "toca" la luz cuando la luz palpa la retina, las ondas de sonido "tocan" el tímpano, y de igual manera ocurre con el olfato y el gusto. La naturaleza tiene un sentido: el tacto.

Este sentido del tacto es mucho mayor de lo que podríamos lograr sentir con nuestras manos y dedos. La piel entera toca y palpa como un órgano único. A través tanto de los vellos en la piel, así como de las terminaciones nerviosas libres dentro de la piel, somos receptivos a la temperatura, el dolor, e incontables diferentes impulsos.

Pero esa no es la historia completa, ya que la piel cubre, no sólo la parte exterior del organismo, sino que también cubre el interior. Aquí, la piel desempeña las mismas funciones que en el exterior. Podemos estar de acuerdo con muchos de los científicos quienes, a través de los años, consideraron que los órganos más "complicados" (como el hígado, los riñones y el corazón) son más interesantes e importantes que la piel. Sin embargo, no es tan difícil ver ahora que la piel es un órgano verdaderamente sofisticado con múltiples funciones.

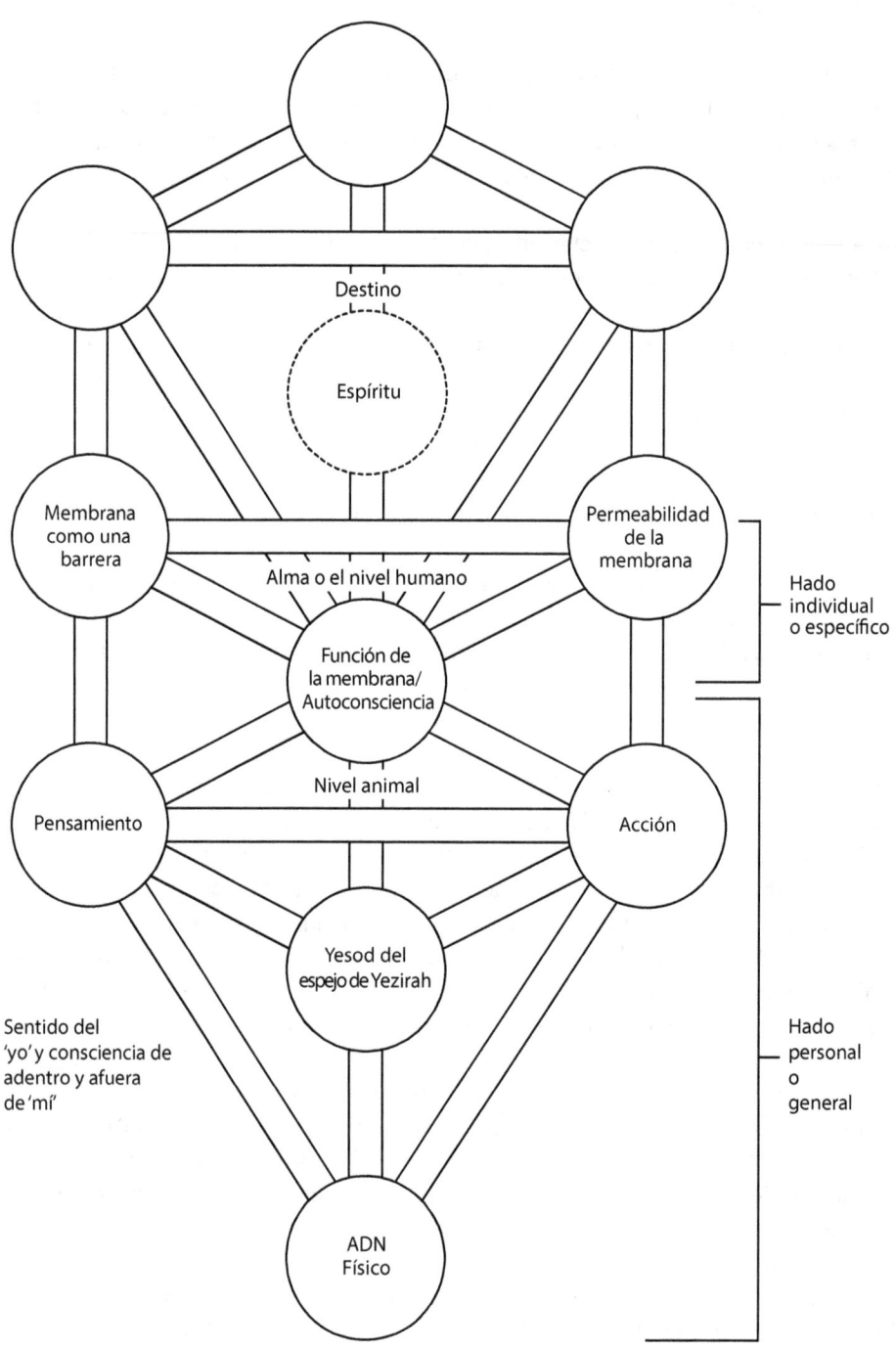

Diagrama D

Aquí tenemos una analogía entre la membrana de la célula y la piel. Ambas tocan y sienten los entornos internos y externos. En el ejemplo de la membrana de la célula, existe algo más en ella además de la habilidad de tocar y reunir información acerca del "medio interior y exterior": la membrana es capaz de tomar decisiones con base en la información recibida.

Estos descubrimientos han llevado a la membrana de la célula a ser considerada como la verdadera parte de la célula que es como un cerebro. Ésta actúa como el "corazón" de la célula, operando como un sistema nervioso central, regulando todos los procesos. Éstos incluyen armonizar, dirigir y redireccionar a la entrada y a la salida de la célula. Además, la membrana puede sentir la diferencia entre el interior y el exterior de la célula, teniendo incluso la habilidad intrínseca de tener un sentido de "sí misma".

La membrana tiene receptores que consisten de aminoácidos muy complejos, los cuales son capaces de transferir información entre el interior y el exterior de la célula. Éstos son como los cinco sentidos del cuerpo. Por lo tanto, podemos ver a la membrana de la célula como el componente crucial en donde la consciencia humana tiene un efecto en los genes y en el ADN (diagramas C y D).

Es importante notar que los genes no son cambiados por sí mismos, pero la forma en que ellos son "leídos" es diferente. Los genes no pueden alterar su propio modelo (blueprint), así que algo más tiene que "mover" el modelo (blueprint) para poder cambiar cualquier cosa adentro del gen, de los aminoácidos, de la célula y del organismo.

Por lo tanto, a través de la "mente" y la consciencia, somos capaces de llevar a cabo cambios en nuestra fisiología.

Ejercicio
Toma algo de tiempo para caminar afuera.

Hazte consciente de qué y a quién te encuentras mientras estás caminando.

Cada encuentro transmite información desde afuera hacia adentro de ti.
Sé consciente de cómo interpretas toda esta información que llega hacia ti.
Tus sentidos detectan el mundo externo, el cual es procesado a través de la mente.

¿Cómo es que el mundo interno que está dentro de ti, tus sentimientos, pensamientos y memorias reaccionan al mundo externo? ¿Alguna vez te cuestionas cómo reaccionas a la información que llega a ti desde el mundo externo?

A continuación, sé consciente de qué señales tú le das al mundo externo, viniendo desde adentro de ti. Piensa acerca de tus expresiones faciales, tu lenguaje corporal, tus pensamientos, tus emociones y tus sentimientos. ¿Qué energía le transmites al mundo externo?

Trata de reunir la interacción entre tus reacciones para que seas consciente de cuál es la influencia desde afuera hacia adentro, y desde adentro hacia afuera.

Capítulo 4: La percepción controla el comportamiento

¿Alguna vez has pensado acerca de la idea de que "las señales controlan los movimientos"?

Considera lo siguiente: el cuerpo físico no hace nada por sí mismo. Los músculos no se mueven, los órganos no funcionan, ni tampoco ocurre ninguna reacción vital sin un estímulo dado al organismo.

La naturaleza, en general, necesita los mismos impulsos para ponerse en marcha. Necesita señales para ser animada. Cada vez que la primavera comienza, toda la naturaleza, incluyendo al cuerpo humano (Assiah), comienza a reaccionar a este cambio cósmico al cual llamamos una estación.

Toma tiempo para observar al cuerpo, dondequiera que estés. Hay algo que ha movido a tu cuerpo a estar dondequiera que te encuentres en este preciso momento. Los pensamientos que tengas se correlacionan con el lugar donde te encuentras y con la forma en la que te mueves. El estado de tu entorno externo determina, en gran parte, la forma en la que reaccionas y actúas.

Si te sientes feliz y seguro dentro de tu entorno actual, responderás a él con un impulso de crecer y prosperar. Impulsos del exterior hostiles, peligrosos o amenazantes nos hacen estancarnos, pelear o huir de la situación.

Tomemos una mirada más cercana a este mecanismo natural, ya que será de una gran influencia en nuestro tema actual. La humanidad constantemente desea acumular y asimilar. La mayor parte de las economías están basadas sobre esta idea de acumulación y crecimiento.
Consideramos lo que hemos asimilado como si fuera nuestro, y pensamos que lo poseemos, ya que lo hemos acumulado e incrementado.
Personificamos los objetos que hemos recabado y desarrollado. Tan pronto como etiquetamos y categorizamos algo, reclamamos propiedad sobre de ello.

Esta es una forma del ego-Yesod de lidiar con el mundo como una reacción a las percepciones del entorno interno y externo de nuestro organismo. Si pensamos que "más es mejor", esta acumulación nos convertirá en un tipo de tumor.
¿De dónde viene este impulso de acumular y crecer? En el fondo, aún existe una necesidad de supervivencia y seguridad, incluso en el mundo occidental, en donde no existe una preocupación directa para la mayoría de la gente.

Sin embargo, nuestra forma de vivir, con sus ritmos y su velocidad peculiar, se ha convertido en una presión enorme que nos invita inconscientemente a vivir en modo de supervivencia. Ser aprensivo, o incluso, tener miedo de mantener lo que tienes, en particular cuando no estás en necesidad de algo, es suficiente para poner en marcha el mecanismo de supervivencia dentro del cuerpo.

Sociedades enteras en el mundo occidental están organizadas de tal forma en que la gente se preocupa todo el tiempo, sintiendo que no están seguros, tratando principalmente de anticipar lo que pueda ocurrir mañana.

El aburrimiento es un problema completamente diferente, el cual viene de una sociedad enfocada en el ocio y el placer, no en el sentido de que seamos perezosos, pero de que dedicamos nuestro tiempo a actividades que destruyen la inteligencia y disminuyen al alma. El entretenimiento, desde la televisión, las computadoras y los iPhones, es una forma de esclavitud tecnológica y/o adicción que nos lleva a una pasividad de la mente y a la muerte de la creatividad.

¿Acaso las señales controlan a los movimientos? De hecho, lo hacen. En el texto anterior hemos visto cómo nuestros cuerpos y nuestras psiques reaccionan a los estímulos. No se necesita a un experto para descubrir que ciertas personas utilizan técnicas sofisticadas, tal como en la publicidad, para mover a las masas a través del impulso hacia una dirección específica.

La tecnología utiliza el sistema de mercado moderno para entretenernos y hacernos pagar por el entretenimiento. En lo que esto resulta es en una distracción de nosotros mismos. Muchas señales vienen desde el mundo exterior y nos son impuestas y, sin embargo, a través de una exposición gradual, consistente y repetitiva a estas señales, éstas se hacen más o menos nuestras.

Como resultado de ello, no podemos discernir entre una señal motivadora que viene desde el exterior y una que se origina desde el interior. En Kabbalah, nosotros trabajamos hacia el despertar y el cultivar a través del proceso de la autoobservación y la meditación la diferencia entre lo que es interior y lo que es exterior.

Esto es mostrado en la tríada del despertar de la naturaleza humana-animal en el Árbol de la Vida. La autoconsciencia nos abre el camino para empezar a ver qué nos impulsa y qué nos mueve, y qué señales deseamos seguir.

Cómo percibimos la realidad alrededor de nosotros determina cómo nos movemos con el mundo. Es muy desafortunado que no sepamos cómo percibimos, ni qué es lo que percibimos.

La parte operativa principal de nuestra interacción con el mundo es inconsciente, avanzando sobre impulsos a través de los deseos, necesidades, lo que nos digusta y las antipatías. Esto es explicado en la Kabbalah a través de la faz inferior del Árbol de la Vida donde residen los niveles mineral y vegetal dentro de la arena de las reacciones y acciones inconscientes.

Yesod es el monitor diario consciente que procesa estas interacciones relacionadas hacia una experiencia personal. Durante el transcurso de nuestras vidas, la mayoría de las relaciones e involucramiento con el mundo son instintivas, impulsivas, deterministas y predecibles dentro de la consciencia personal de esta parte del Árbol de la Vida.

Probablemente has notado que repito continuamente el interior y el exterior como dos mundos distintos que se comunican el uno con el otro. En ocasiones puede haber un vislumbre de consciencia que despierta al discernimiento de este proceso, pero en general, la inconsciencia humana prevalece.

Así es con el interior del cuerpo, en donde las células están agrupadas como una comunidad, comunicándose, interactuando y estableciendo conexiones con su entorno.

Una de las cosas más interesantes a saber de este proceso es que, cómo percibimos al mundo en el nivel macro con nuestro cuerpo dentro del entorno físico, es cómo nos comunicamos dentro del interior de nuestras células.

Capítulo 5: Placebo y nocebo

El efecto placebo ha sido notado, definido e implementado desde que existe la presencia del cuidado de la salud y las artes sanadoras dentro de la vida humana. El nombre para el placebo ha cambiado a lo largo del tiempo, siendo llamado variadamente: naturaleza, creencia, fe y superstición.

En un argot semi-científico, la frase "mente sobre la materia" es a veces confundida con "consciencia sobre la materia". A través de los últimos siglos, el placebo se hizo prácticamente un antagonista del cuidado de la salud moderno y de la farmacia.

La ciencia basada en la evidencia necesita pruebas deductivas de los efectos de los químicos y de las sustancias presentes dentro de los medicamentos. Para los científicos ultraconservadores no hay espacio para la duda o la confianza en ideas supersticiosas para la provisión de un medicamento o de una intervención terapéutica.

A pesar de que este punto de vista es válido, tomando cierta responsabilidad por la calidad de la intervención en la sanación, frecuentemente no hay espacio para los efectos que surgen de los métodos de sanación distintos a las sustancias médicas o a las técnicas terapéuticas.

Otro problema, desde un punto de vista científico, es que el placebo no es objetivo y que no puede ser demostrado por exámenes repetidos, dejando al efecto placebo como no confiable según los estándares científicos.

Ciertamente, el placebo se deriva de un efecto altamente subjetivo que algunos llaman "creencia", dejando el fundamento completo del efecto placebo basado en el estado de los pensamientos, sentimientos y acciones humanos. Lo que pensamos, sentimos y hacemos (las tríadas alrededor del Yesod de Yezirah) viene de quiénes somos, ya que se dice: "Quien eres es lo que haces, y lo que haces es en lo que te conviertes".

El placebo está obrando en la vida de todas las personas sin excepción, e incluso, sin tener consciencia de su participación en ello. La mayoría de los científicos ultraconservadores creen en algo, así sea sólo la creencia de que... ¡El placebo no funciona!

El placebo no es, en definitiva, el único resultado de la intención consciente, ni tampoco está formado desde el intelecto y la cognición. El poder que es inherente en el ser humano, haciéndole posible cambiar las cosas, viene desde el inconsciente. No es ni el cuerpo físico (Assiah) ni la psique ordinaria (Yesod de Yezirah) quien es capaz de echar a andar un efecto placebo, aunque estos niveles definitivamente cooperan para provocar el efecto placebo.

Los factores principales en establecer el placebo son, de hecho, las creencias y los condicionamientos que son inconscientes y que han sido construidos a lo largo de nuestras vidas, especialmente durante la niñez.

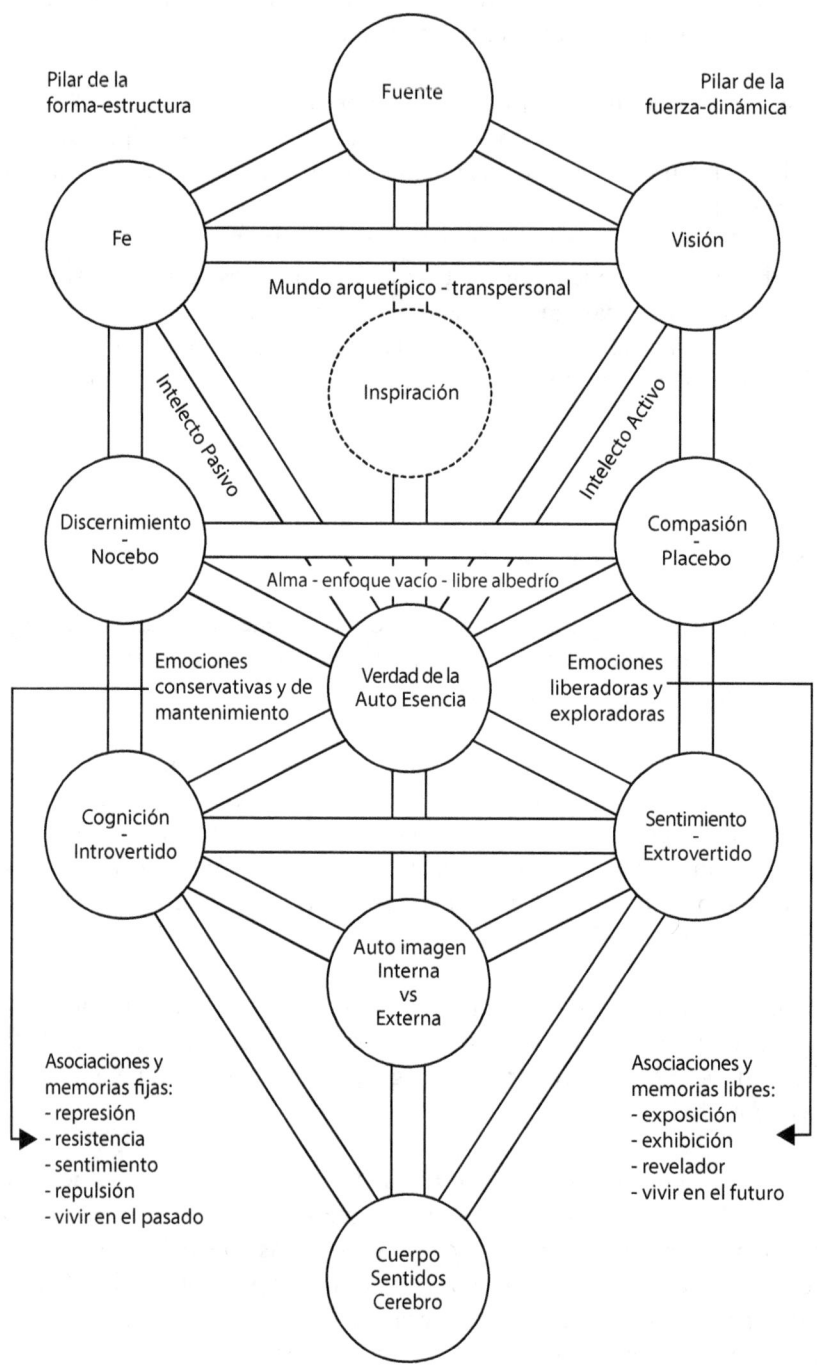

Diagrama E

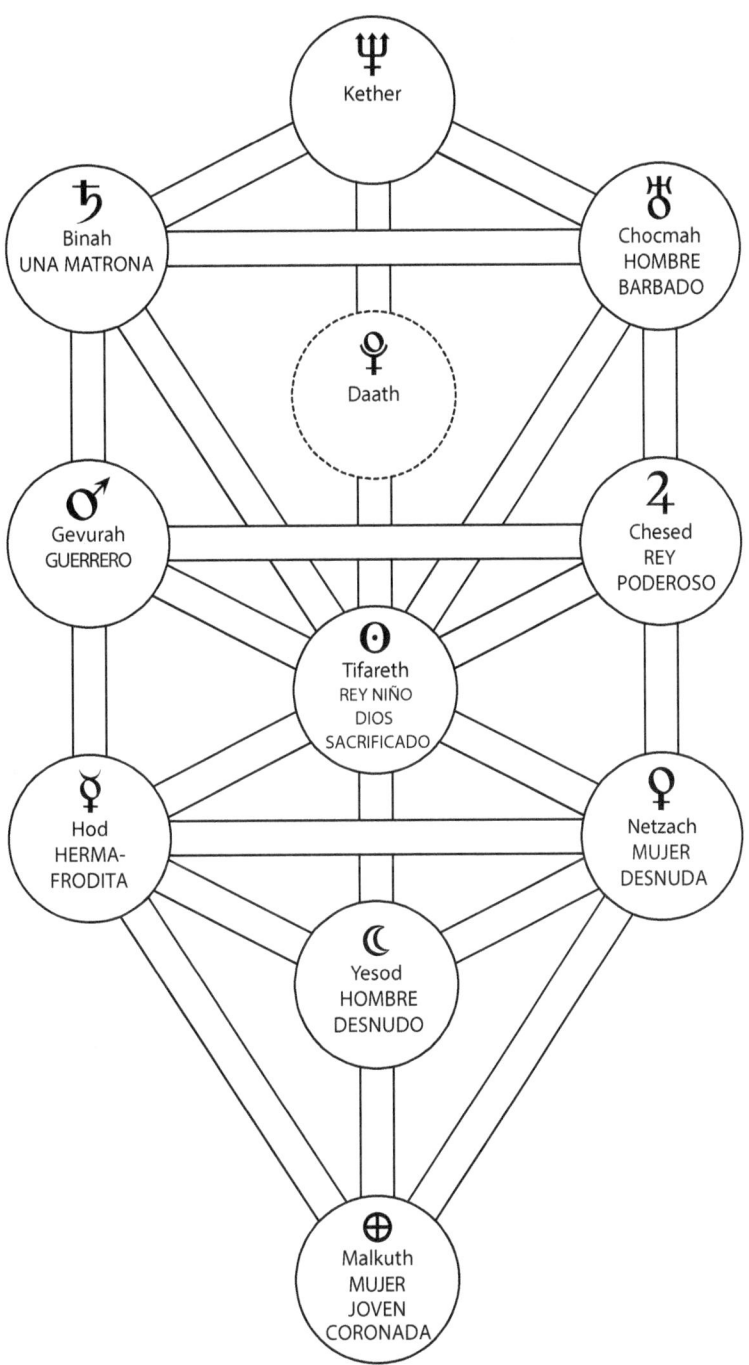

Diagrama F1

¿Por qué es importante, en primer lugar, hablar acerca del placebo en este libro? Porque estamos hablando acerca de procesos que influyen en el mundo material manifiesto y en el cuerpo humano a través de mecanismos, condicionamientos y creencias que han sido aprendidos.

En las teorías biológicas en este libro nos hemos aproximado a la suposición de que el ADN y la construcción de genes en las células humanas no son unidades de información fijas o determinadas, sino que pueden ser cambiadas por la forma en la que interactuamos conscientemente dentro del mundo.

Para el Kabbalista y cualquier persona inspirada que desee seguir su hado y su destino para poder crecer y transformarse, este efecto necesita ser reconocido. Esto es causado en parte por el entorno y las estructuras relacionadas con la cultura, la religión, la familia, la crianza, la educación, los amigos y el trabajo.

Observa el diagrama del Árbol de la Vida con los conceptos intelectuales pasivos y activos que se encuentran en cualquiera de los lados (diagrama E). Estas tríadas están posicionadas en la mitad superior de la faz de Yezirah y, por lo tanto, son los conceptos psicológicos más profundos que pertenecen al inconsciente colectivo. Muchas de las influencias arquetípicas específicas que están aquí presentes afectan a la persona en el Yesod de la consciencia personal (diagrama F).

El ser humano es movido por conceptos intelectuales y culturales más elevados. Profundas improntas emocionales son de gran influencia y están almacenadas en la memoria personal, causando que todo tipo de acciones automáticas sean operativas.

Las tríadas emocionales en el Árbol conectan ambos pilares laterales al Tifareth de Yezirah como complejos emocionales pasivos y activos. En estos niveles, la persona (Yesod) tiene poca consciencia en su vida diaria, viviendo meramente con los efectos que estos niveles psicológicos más profundos están causando.

Hasta qué punto una persona puede ser vulnerable y sensible al placebo depende mucho de estas influencias más profundas. Por ejemplo, en las culturas en las que la superstición con respecto a la religión y en las tradiciones populares es prevalente, la gente está psicológicamente más receptiva a las influencias del placebo. Como una regla, las psiques intelectualmente formadas no responden fácilmente al efecto placebo y lo descartan como tonterías y superstición.

Aquí también vemos la diferencia de la influencia de los pilares laterales. El pilar pasivo de la estructura con la Sefirá de Hod en su base (cognición e intelecto) es menos receptiva al placebo, a la sugestión y a las influencias subjetivas, mientras que el pilar activo derecho de la fuerza, con la base de Netzach, es receptiva a la sugestión.

Por supuesto, cada ser humano contiene ambos pilares, y se requiere un trabajo sutil y delicado para equilibrar estos dos principios opuestos y complementarios en el ser de cada persona. Sin embargo, no debemos olvidar que en los casos en los cuales la psique es demasiado receptiva a los efectos placebo, ésta tiene el riesgo de caer en la trampa de creencias supersticiosas y de la ingenuidad.

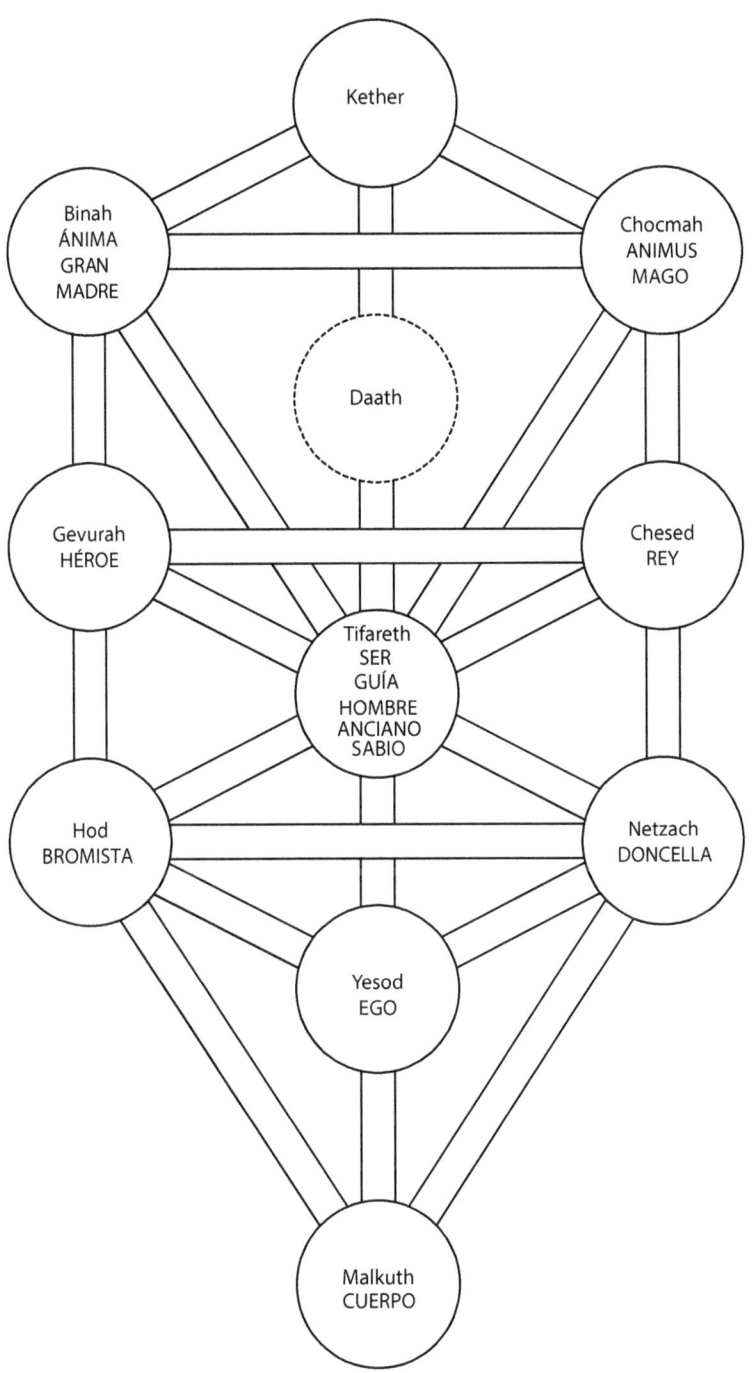

Diagrama F2

El efecto placebo tiene una conexión fuerte a la actitud de pensamiento positivo, el cual es tan famoso en el movimiento New Age de las últimas décadas. Debemos recordar, sin embargo, que el pensamiento positivo tan sólo funciona cuando nuestra intención consciente está apoyada por nuestra vida inconsciente. Nuestro ser entero, incluyendo emociones, instintos y sentimientos, debe apoyar la perspectiva positiva de la vida. Esto significa que todo el ser humano natural entero debería estar involucrado con la estructura de creencias antes de que cualquier cosa (como los pensamientos positivos) pueda empezar a funcionar.

Metafísicamente, todo el Árbol de Assiah debería estar alineado con la creencia personal hasta tal punto en que se convierta en una realidad en el presente (pilar central). Todos los niveles deben estar en acuerdo con la creencia de tal forma que el cuerpo, la mente (psique) y la consciencia sean operativos en el proceso.

No debe haber espacio para la duda, como en el ejemplo en el que un paciente recibe pastillas placebo en lugar del medicamento real sin saberlo y el cual, consecuentemente, tiene los mismos efectos que el medicamento real. El mismo efecto ha sido notado con operaciones placebo en las cuales al paciente le fue dicho que cierta operación se había realizado, y si bien sólo había una incisión, no hubo una verdadera operación. Sin embargo, se lograron los resultados esperados para el paciente, quien se alivió y, en algunos casos, hasta se recuperó completamente.

Tanto el pilar izquierdo como el pilar derecho del Árbol de la Vida tienen sus cualidades y funciones específicas. Ambos pueden complementarse si tanto la fuerza como la forma se prestan servicio recíprocamente en el reconocimiento mutuo de que se necesitan el uno al otro para existir y para funcionar. La forma no puede funcionar sin la fuerza y la fuerza no puede funcionar sin la forma.

Kabbalísticamente, la Sefirá de Malkuth es la amalgama y la síntesis máxima donde la fuerza y la forma se mezclan dentro de una vasija material que consiste de fuerza-forma en la base del pilar de en medio. El Reino, Malkuth, no es sólo la forma suprema como podría ser superficialmente visto y detectado por los sentidos, sino que también es la fuerza suprema, ya que, equitativamente, los pilares derecho e izquierdo se materializan en Malkuth.

El efecto placebo está opuesto al efecto nocebo, contando la historia para la humanidad, pero al revés, como si fuera un espejo. Están basados en el mismo principio, pero el efecto placebo tiene un efecto positivo y el efecto nocebo tiene un efecto negativo.

Así como un ser humano es capaz de ser muy constructivo y enriquecedor hacia sí mismo (placebo) en el pilar del lado derecho, a la inversa, uno también es capaz de destruir y deshacer su propio ser (nocebo) en el pilar del lado izquierdo, a través de ideas, memorias y sentimientos negativos.

Las personas que son demasiado críticas y cínicas hacia sí mismas y hacia el mundo tienen una baja autoestima y se sienten inseguras en el mundo y dentro de sí mismas, por lo que generan una tendencia hacia el efecto nocebo.

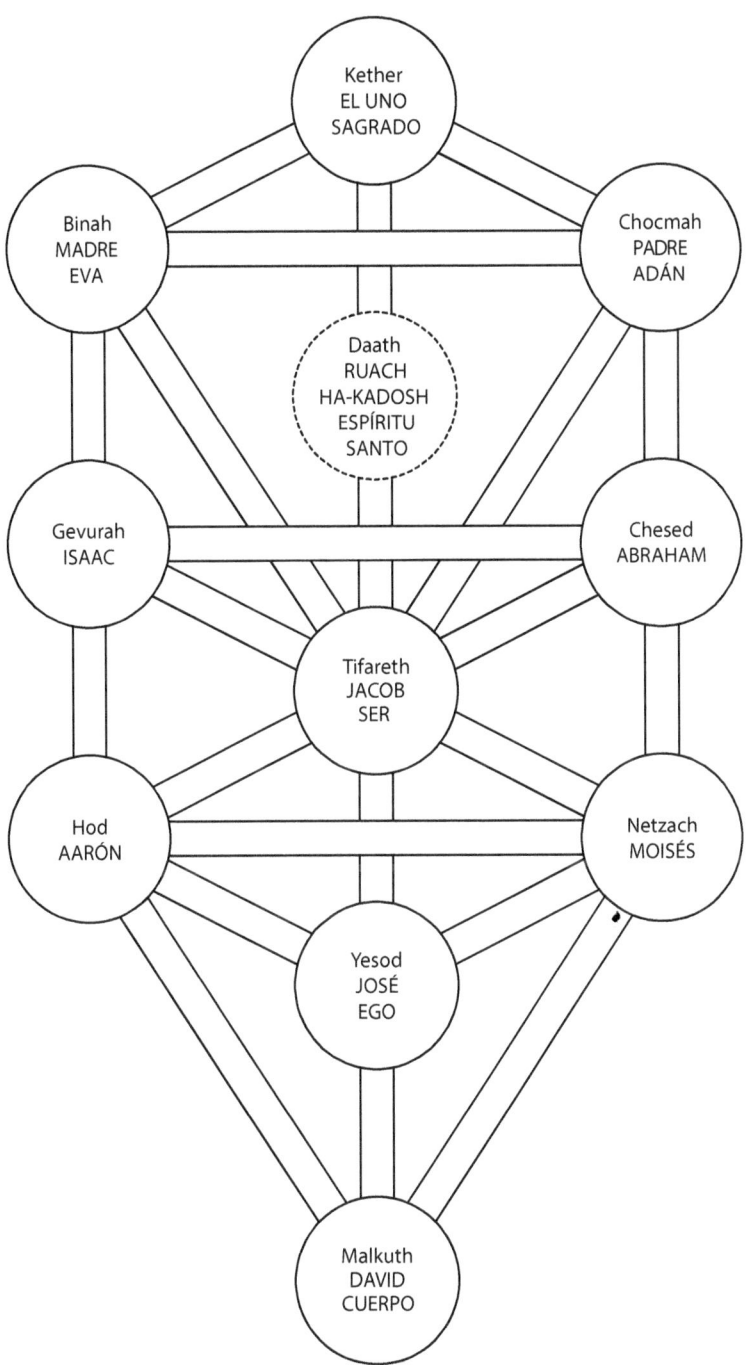

Diagrama F3

El mecanismo psicológico se mantiene igual en ambos ejemplos: una sensibilidad aumentada, una relación fuerte con símbolos y signos externos, y una necesidad de algo seguro. El efecto nocebo surge en las personas y personalidades que se inclinan hacia el pilar izquierdo y la tríada emocional de Tifareth-Hod-Gevurah: los complejos pasivos emocionales. Estos complejos son reconocidos por una tendencia hacia el miedo, la ansiedad, la negatividad, el cinismo, la nostalgia y el conservatismo.

Estas cualidades no deben ser consideradas como indeseables o no requeridas, ya que son complementarias al pilar derecho en el Árbol. Si el Árbol de la Vida cósmico no se equilibra a sí mismo de manera apropiada a través de una observación y participación sutil con estas leyes espirituales, siempre habrá una falta de balance.

Considera la situación en la que una persona está emocionalmente inclinada hacia el triángulo derecho de Tifareth-Chesed-Netzach, con poca influencia complementaria y participativa del triángulo en el lado izquierdo. El resultado será un comportamiento maniaco, híper eufórico, prepotente y neurótico a través de las fuerzas no compensadas de Chesed y Netzach.

Vayamos de regreso al efecto nocebo. Ya que cada mundo Kabbalístico se corresponde en los demás por reflejo y duplicación, así el mundo de Yezirah, con el lado y las tríadas emocionales tratados anteriormente, tiene su reflejo en el mundo de Assiah, el mundo de la acción.

Desde el mundo de las formas, las ideas y las emociones personales se acomodan a sí mismas y se manifiestan en resultados activos en el mundo físico elemental. En esa misma tríada en Assiah vemos los químicos correspondientes que reflejan el estado psicológico que existía antes en su contraparte física. En esta tríada en Assiah, el triángulo de Tifareth-Hod-Gevurah, encontramos enzimas y hormonas químicas pasivas. Ejemplos de estos químicos en el cuerpo humano incluyen, pero no están limitados a: niveles bajos de testosterona, tiroidea o adrenalina, y un nivel alto de cortisol y desequilibrio en los niveles de estrógeno.

Otra cosa importante por mencionar es la duración del desequilibrio fisiológico de los niveles hormonales en la sangre. Con frecuencia, entre más tiempo esté presente la falta de armonía dentro del cuerpo, más difícil es reorganizar la situación a través del sistema nervioso central y del sistema nervioso autónomo presentes en Tifareth y Yesod de Assiah, respectivamente. Estos dos sistemas biológicos trabajan juntos para la liberación, cooperación y reabsorción de los químicos antes mencionados.

El nocebo es conocido y reconocible a través del comportamiento y de las tendencias "supersticiosas" específicas. Por ejemplo, una persona tiene miedo de tomar medicamento para la presión arterial alta. La pastilla está asociada con el miedo y la ansiedad que la persona siente hacia el medicamento en general. Cada vez que la persona toma la pastilla, los químicos de la pastilla son reconocidos por el cuerpo y la psique como "miedo y ansiedad", convirtiendo al objeto en un tipo de talismán negativo.

Esto puede evolucionar de una manera tan fuerte que el efecto del medicamento es casi o totalmente neutralizado. El efecto nocebo puede ser tan fuerte que el efecto químico está completamente perturbado y el efecto psicológico-emocional está a cargo.

El nocebo funciona también a través de símbolos y signos. Otro ejemplo de esto es ilustrado cuando una persona tiene una experiencia negativa (por ejemplo, un dolor repentino en el estómago) durante una caminata en el parque. A partir de ese momento, la asociación se crea entre la ubicación en el parque y el fenómeno del dolor.

Parece no haber una explicación lógica (Hod) entre causa y efecto aquí, pero la tríada de la sensación (Yesod-Hod-Netzach) reacciona con encontrar una razón inmediata para el dolor del estómago.

Debe existir una razón para este miedo en la gente que vive en una modalidad de ansiedad. Si no existe una correlación entre los ámbitos lógico e intelectual, la "lógica" de los sentimientos, los cuales están dominados por el miedo y la ansiedad, crea dolor, malestar y otras sensaciones negativas.

El hecho de que no exista una lógica o correlación entre la causa y el efecto no les importa a estas personas. Después de todo, lo más importante es tener algún tipo de confort que venga de correlaciones y experiencias autoconstruidas.

Muy detrás de esta dinámica yace la base del nocebo: el miedo y la ansiedad impulsan al ser humano hacia la necesidad de control máximo. Si no existe el control, generan el control al "arreglar" su realidad con ideas fantásticas dentro de una realidad hecha por sí mismos.

Para ser capaces de hacer esto, necesitamos el poder de Yesod para navegar a través del laberinto psicológico. Sin embargo, si no navegamos Yesod a través de una consciencia despierta desde la tríada animal (Tifareth-Hod-Netzach) o el alma (Tifareth-Gevurah-Chesed), Yesod seguirá nuestros instintos, emociones y condicionamientos.

Simplemente no hay opción para aquellos quienes tan sólo viven desde el cuerpo (Malkuth) y la psique ordinaria (Yesod).

Ejercicio

La totalidad es hacer que todas las partes se conecten las unas a las otras y darles su correcto lugar y orden.

Usa el Diagrama A o un diagrama del Árbol de la Vida que tengas y siéntate frente a él.

Mira a la tríada de la contemplación o del pensamiento (la tríada de Malkuth-Hod-Yesod en el mundo de Yezirah). Siente y observa esta tríada dentro de tu propia anatomía. Observa y siente los tres Sefirot dentro de tu cuerpo físico y tu cuerpo sutil.

Haz lo mismo con las tríadas de la acción (la tríada de Malkuth-Netzach-Yesod en el mundo de Yezirah) y la devoción (la tríada de Yesod-Hod-Netzach en el mundo de Yezirah). Toma consciencia de que has establecido la tríada del nivel mineral y del nivel vegetal dentro de ti.

Ahora mira a la tríada animal en el Árbol (la tríada de Tifareth-Hod-Netzach en el mundo de Yezirah) y mira y siente esto dentro de tus cuerpos, o a lo que llamamos mundos en Kabbalah.

Tú has ahora actualizado la faz o jardín inferior en tu propio ser.
Toma consciencia de que estos niveles dentro de ti deberían de estar alineados y conectados para poder hacer que los cambios internos sucedan.

Con cualquier pensamiento bueno y sanador que tengas en este momento, permite que el sentimiento y la acción sigan este mismo pensamiento. Permite que tu cuerpo fluya con este pensamiento, y que cada iniciativa y movimiento puedan estar en acuerdo con este pensamiento.

Permanece y relájate por un momento dentro de esta experiencia.

Algunas sugerencias para estos pensamientos sanadores son: amor, perdón, gratitud, alegría, amistad, o cualquier otro pensamiento positivo personal.

En el Árbol, la faz inferior contiene los niveles mineral, vegetal y animal. La mayoría de los efectos placebo-nocebo antes mencionado se llevan a cabo en estos niveles, para bien o para mal. Los condicionamientos del sistema biológico, junto con los pensamientos, sentimientos y acciones en la psique, dirigen y orquestan nuestra vida tanto a nivel individual como en el nivel colectivo.

La posibilidad de despertar estos niveles inconscientes comienza con la tríada del nivel animal de Hod-Netzach-Tifareth. En esta parte de la psique animal, nos hacemos extremadamente conscientes de nuestra biología y personalidad, incluyendo sus referencias y su comportamiento contextuales. La tríada animal es también llamada la tríada preconsciente del hombre animal, con sus tendencias compulsivas, atención vigilante, y posición aspirante en un nivel social.

Viendo el diagrama del Árbol, no podemos ver o funcionar más arriba de nuestro propio nivel de experiencia. El humano animal tan sólo puede mirar hacia "abajo" desde esta posición, y es sólo consciente (tríada del despertar) de lo que está ocurriendo en esos niveles previos a su propio desarrollo. Ésos son los niveles mineral y vegetal (diagrama G).

Desde el nivel animal y más allá, elevándose por el Árbol en un orden ascendente, la consciencia humana puede hacer la diferencia entre una vida inconsciente y una vida en desarrollo, orientada hacia la consciencia, donde podemos causar efectos a través del uso del libre albedrío y de la consciencia.

El despertar es un estado, no una etapa de desarrollo como tal; es decir que podemos entrar en tal estado a través de la práctica o por las circunstancias, pero también podemos movernos fuera de ahí de manera muy rápida.

Para la mayor parte de la consciencia humana, no hay un discernimiento sustentable y estable en este nivel animal inquieto. En nuestra biología, el interior de nuestras células reacciona continuamente a lo que se está moviendo dentro de la consciencia psicológica.

Como se dijo anteriormente, vivir la vida desde el nivel inconsciente y condicionado no inicia ningún cambio o mejora. La única manera de tener un efecto en el organismo biológico viene desde el nivel animal, y preferiblemente, desde más allá.

El ADN y los genes no son capaces de alterar ninguna información desde adentro de su propia estructura. Casi comparable a un software, operan de la manera en que fueron programados.

Si ese programa ejecuta un efecto nocebo por un periodo de tiempo prolongado, el ADN se estructurará a sí mismo en consecuencia, haciendo que el cuerpo acomode y reacomode información en los genes idénticamente con el input (información) del nocebo.

Por supuesto, lo mismo pasa cuando provocamos que un placebo tome efecto en nuestros cuerpos. Dentro de todo esto, el gen espera recibir instrucciones.

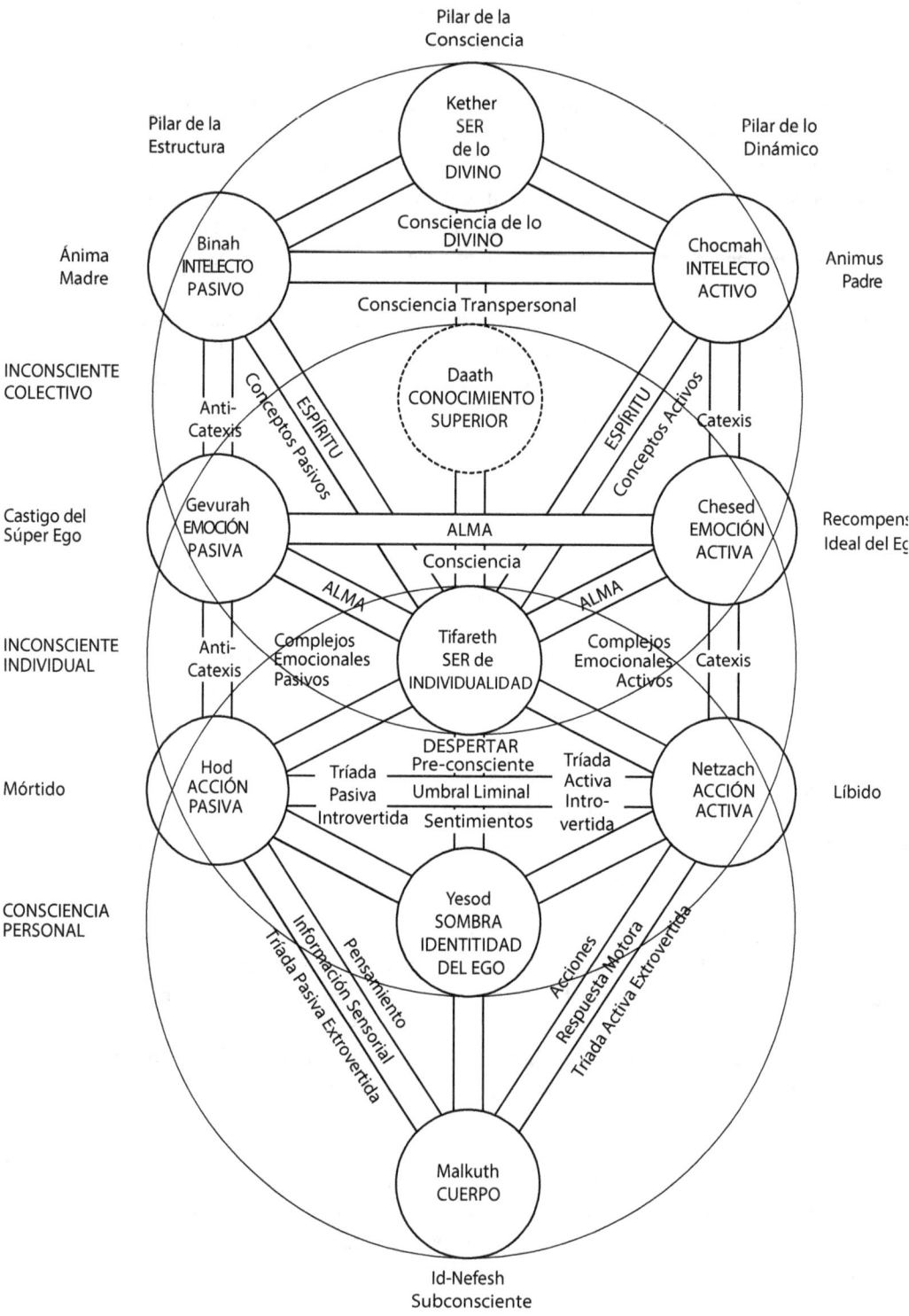

Diagrama G1

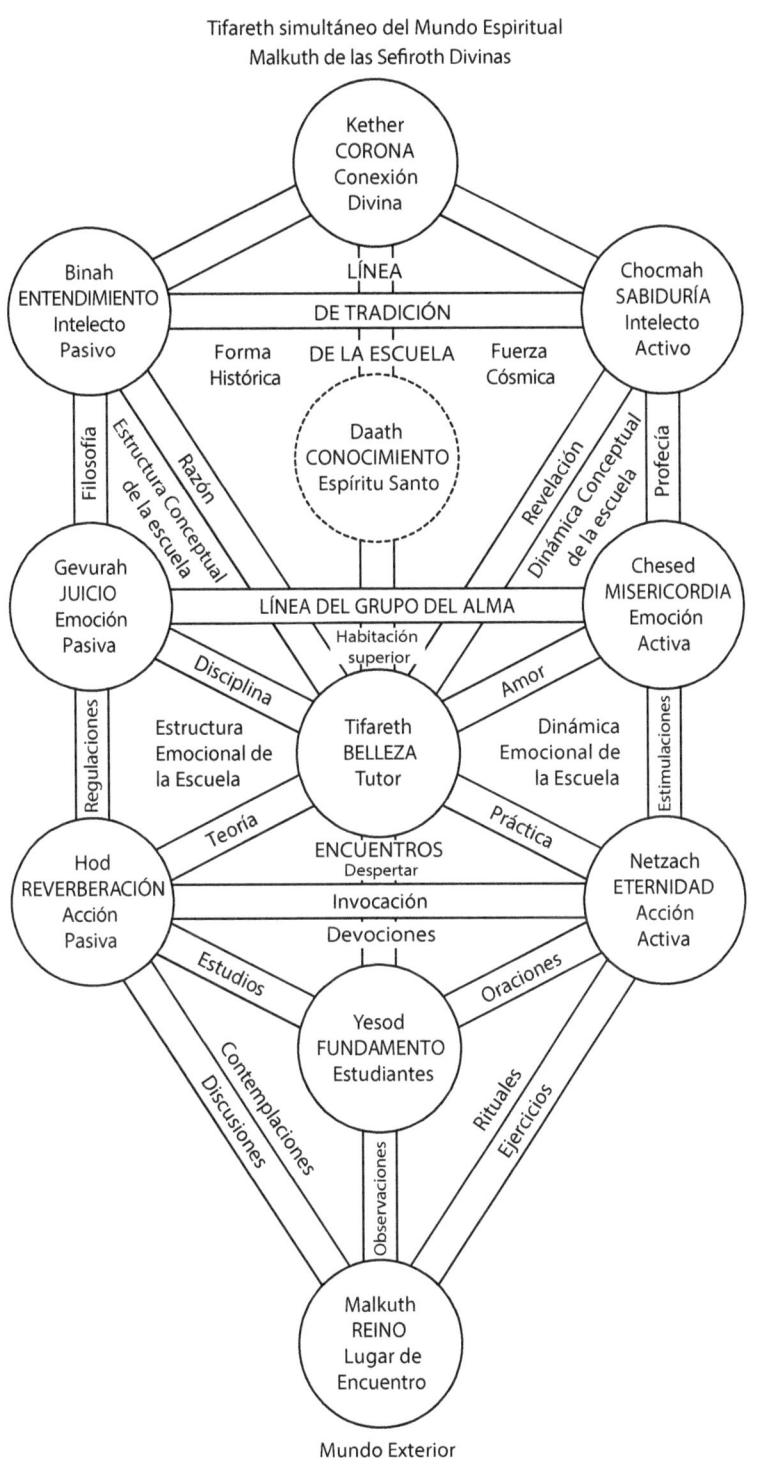

Diagrama G2

Capítulo 6: ADN y ARN

Sin profundizar demasiado en cuestiones técnicas de la microbiología, ahora necesitamos hablar de la manera en que la información en el núcleo de la célula, donde residen el ADN y los genes, se mueve a través del interior de la célula, e incluso más allá, en el espacio extracelular.

El ADN es una cadena similar a filamentos que lleva la información y las instrucciones genéticas usadas para el crecimiento, desarrollo, funcionamiento e, incluso, la reproducción dentro de los organismos vivientes.

En cada núcleo de una célula encontramos dos filamentos o "listones" que almacenan información biológica. Estos dos filamentos de ADN de cada núcleo almacenan la misma información biológica. Esta información es replicada como un clon de información que es retenido dentro de la estructura química del ADN. Esto fue tratado previamente en el capítulo 2, y es llamado ácido ribonucleico (ARN).

En la Kabbalah, los dobles filamentos de la estructura del ADN se pueden ver como la Escalera de Jacob, una escalera espiral de evolución. Subir y bajar por la escalera representa la evolución y la involución.

Los seres espirituales que ascienden y descienden por esa Escalera de Luces representan a los genes que transmiten su sabiduría. Esto fue visto por Jacob en el libro del Génesis cuando estaba dormido y viendo Ángeles ascendiendo y descendiendo por una escalera que llegaba hasta el cielo desde la tierra, y de regreso desde la tierra hacia el cielo. Estos Ángeles representaban épocas y civilizaciones enteras que se movían dentro y fuera de la existencia.

El ARN es una estructura química movible, parecida a un espejo, que contiene información idéntica a su respectivo ADN, desde el cual fue generado. Las moléculas del ARN son esenciales para diferentes procesos biológicos, incluyendo la codificación, la descodificación, la regulación y la expresión de los genes que están presentes en el núcleo del ADN. El ADN está estático o estacionario en su posición dentro de la célula, pero no está estacionario en cuanto a los posibles cambios que ocurren por leer la información de una manera distinta.

El ARN es el equivalente móvil de esta información, enviando hacia afuera la identidad de la célula (en ese momento en particular) hacia el entorno. El ARN tiene una función mensajera, mediando entre los genes y el entorno interior y exterior de la célula.

El ARN tiene, por lo tanto, una ocupación Angélica en el nivel microscópico de Malkuth. Es el mensajero del Reino, o el explorador de la emanación biológica del Árbol de la Vida.

La naturaleza, como una totalidad, intercambia información continuamente hacia dentro y hacia afuera con todo tipo de especies y organismos. Así es para el ser humano, teniendo su vida natural en el mundo de Assiah. El mundo natural se está moviendo constantemente, tal como lo sabemos en Kabbalah, surgiendo desde el nombre de este mundo llamado Assiah (diagrama H).

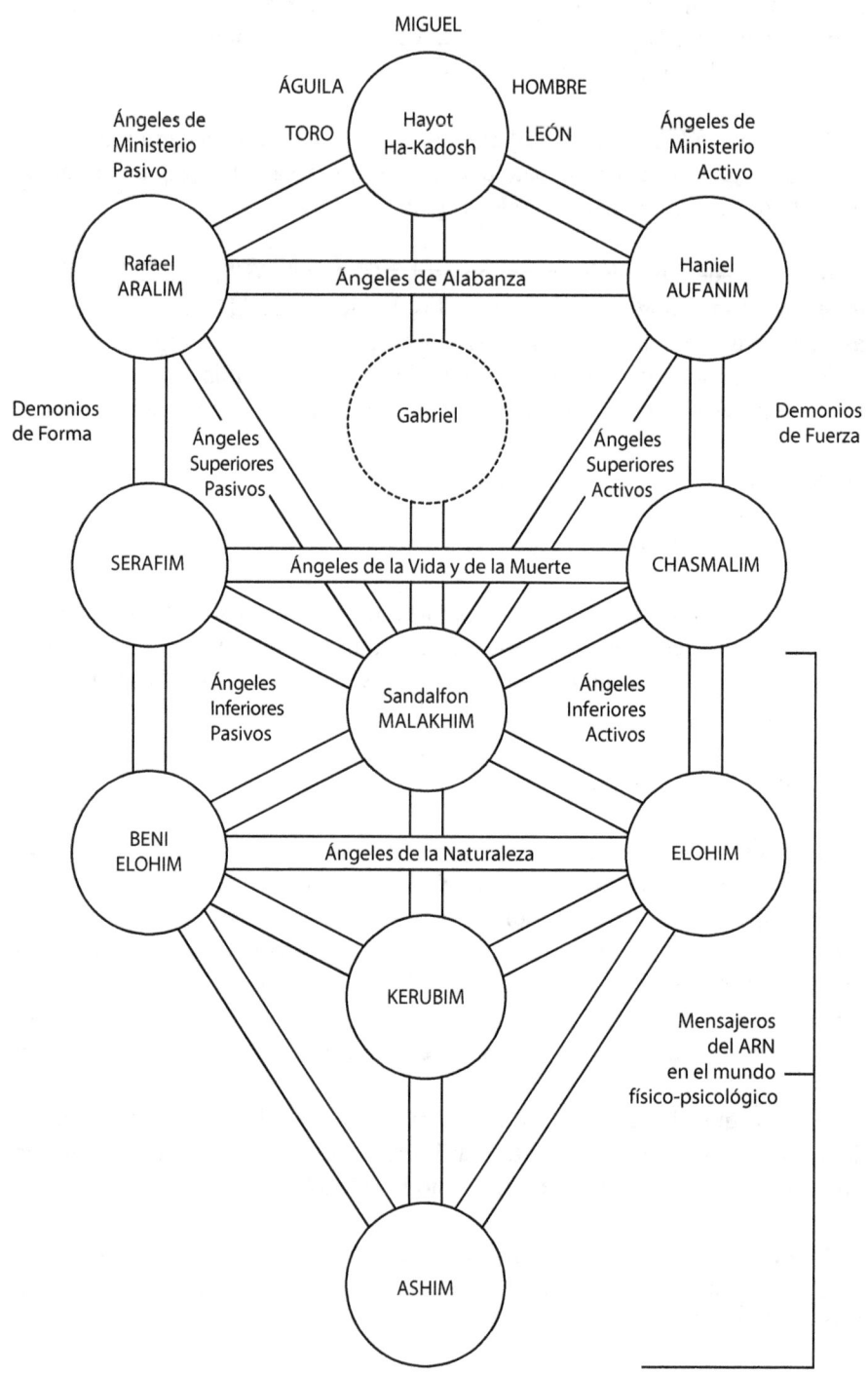

Diagrama H

Todo se encuentra en movimiento. Esto es igual para cada organismo y para el entorno. Nada se moverá mientras no haya un intercambio de información dentro de la célula.

El ARN transporta incontables piezas de información, hereditarias y no hereditarias, alrededor de y a través del cuerpo, sin que seamos conscientes de ello. Es importante recordar que este tipo de información se refiere no sólo a los aspectos fisiológicos y biológicos de la naturaleza, sino también a los patrones de pensamiento emocionales, y muchos otros tipos de información sutil.

Cada mundo Kabbalístico, con la excepción de Aziluth, tiene su propio tipo de memoria. Assiah tiene una memoria biológica que es transmitida de los progenitores a su progenie. Está presente dentro de cada organismo, y se mueve entre células, tejidos y organismos.

En Yezirah encontramos un almacén de memoria en el dominio etérico-astral, el cual es en ocasiones llamado la Casa del Tesoro de las Imágenes. Ésta se encuentra localizada en el Yesod de Yezirah. Aquí recordamos o re-membramos información que nos llega a través de imágenes, símbolos y formas. A pesar de que esta Casa del Tesoro de las Imágenes está centrada en la consciencia personal, todos compartimos y utilizamos desde este repositorio de imágenes colectivas las cuales son recicladas y se mueven a través de muchas épocas y tradiciones.

No existe memoria más allá del mundo natural y personal basado en el Yesod de Briah: la Casa del Tesoro de las Almas, donde la consciencia recuerda las memorias espirituales o metafísicas de una naturaleza transpersonal y transcultural. Lo que tenemos en los tres mundos inferiores (Assiah, Yezirah y Briah) es una memoria biológica (física), una memoria psicológica (personal) y una memoria espiritual (transpersonal), respectivamente.

Aunque no existe una memoria en el mundo de Aziluth, el Divino está siendo recordado en los tres mundos inferiores. Podríamos decir, por lo tanto, que todas las tres memorias son modos de recordar/re-membrar a la Divinidad de diferentes maneras. Aziluth es re-membrado/recordado al venir a casa dentro de la unión con la sagrada Shekinah en el Malkuth de Aziluth.

Hay un dicho en la tradición Kabbalista que indica que el olvido es el exilio y la remembranza es la liberación; es decir, que, para encontrarse a uno mismo, uno debe llegar a conocer quiénes somos una vez más, y recordar esto en todos los niveles, en todos los mundos.

Este es el camino de ascensión interna o Teshuva, el camino del retorno o el Relámpago revertido. Se dice que el Uno Sagrado desea observarse a Sí Mismo en el espejo de la existencia. Esto sólo se puede hacer si el espejo está completo y limpio, habiendo sido completado al recordar, y después, siendo limpiado por el proceso interno de la reflexión sincera.

Yo te invito, dentro del alcance de este libro, a que te muevas hacia los detalles más densos y más compactos del cuerpo físico, y que recuerdes qué ha descendido hacia el vehículo físico. En última instancia, todos los mundos son emanados, creados, formados y manifestados dentro del universo físico. El mundo de Assiah es, por lo tanto, una síntesis viviente de todos los mundos previos. En conclusión, reconocemos que el cuerpo físico es verdaderamente una vasija espiritual (diagrama B).

La información almacenada en los códigos fisiológicos específicos del ADN dentro de los genes no es, por lo tanto, simplemente una memoria biológica, sino una amalgama de influencias desde los mundos descendientes que existen previamente a su manifestación en Assiah.

Cada célula, tejido y órgano tiene una voz, y lo que el interior del cuerpo nos comunica a través de estas diferentes voces es mucho más que un aspecto físico, y describe nuestra naturaleza psicológica y espiritual. Esta idea, mezclar y unir la naturaleza física y metafísica, cambia radicalmente la forma en la cual pensamos acerca del cuerpo. Esto es parte de la nueva biología.

Ejercicio/meditación

Siéntate o recuéstate y cierra tus ojos.

Imagina que puedes ver cada pensamiento que aparece desde tu interior. Permite que todo lo que desee mostrarse a sí mismo en tu memoria venga a la superficie.

Puedes ver o escuchar palabras, ver imágenes y tener sentimientos correspondientes a ellos.

Permite que todos estos pensamientos e imágenes lleguen a ti. Lo que estás ahora gradualmente atestiguando es la Casa del Tesoro de las Imágenes.

Todas estas imágenes parecen pertenecerte, pero debes saber que vienen de un mundo vasto de memorias al cual todos tenemos acceso: una memoria y un inconsciente colectivo.

Podrías incluso darte cuenta de que, por esto, todas nuestras memorias se originan en la misma fuente: la Casa del Tesoro de las Imágenes.

Capítulo 7: Memoria

La memoria no se mueve por sí misma. La información no se mueve por sí misma. Sin embargo, ambas se mueven por medio de asociaciones que llegan desde el interior o el exterior del cuerpo.

La memoria y la consciencia del cuerpo llegan a través del sistema nervioso central en el Malkuth de Yezirah. Simultáneamente, éste es el Tifareth de Assiah y, como tal, se encuentra en el corazón (centro) de la vasija física. Aquí es donde encontramos la función del corazón físico.

Además de trabajar como un músculo que bombea sangre alrededor de todo el cuerpo, el corazón facilita el flujo de información a través de incontables diferentes células conforme son transportadas a través del cuerpo.

Éstos son los principios de los ciclos y del movimiento fluyente en Netzach, y de la información proveniente de Hod. Estos principios funcionan a través de Malkuth, el cuerpo físico elemental.

El Yesod de Assiah, el sistema nervioso autónomo, refleja el status de cómo está operando el organismo completo. Desde esta imagen reflejada puedes sentir el interior de tu cuerpo.

Aunque este nivel es una forma muy rudimentaria de consciencia, el proceso es, eventualmente, de importancia si uno desea evolucionar conscientemente. En el Daath de Assiah/Yesod de Yezirah, estas experiencias se reúnen dentro del conocimiento del cuerpo.

Desde este complejo de Daath/Yesod uno puede, de hecho, hacer preguntas al cuerpo, las cuales, en muchos casos, el cuerpo responde con respuestas e inteligencia vitales; es decir, si uno es sensible a ese complejo desde la tríada de Yesod-Hod-Netzach en Yezirah (diagrama G).

La vasija física es, literalmente, un cuerpo de conocimiento que contiene y nos provee de conocimiento en un nivel inconsciente, pero esta sabiduría también es accesible cuando se le hacen preguntas, trayendo respuestas hacia la superficie de la consciencia.

¿Cómo se relaciona esto con la memoria? Debido a que la naturaleza en general, y específicamente los humanos, funcionan y viven sobre fundamentos muy antiguos de memoria, entonces ellos entregan su vida a las manos del inconsciente.

No hacer intentos de experimentar algo más allá de lo que uno ya sabe, o de generar nuevas memorias, no cambiará nada en nuestra biología. Esto resalta un principio importante en muchas tradiciones esotéricas, incluyendo a la Kabbalah: sin innovación o ideas nuevas, no habrá nuevas memorias, y, por lo tanto, no habrá potencial para cambio o transformación. Aunque uno podría de hecho preguntar si el cambio en experiencia y memoria es necesario.

El desarrollo científico-Kabbalístico tratado en este libro nos alienta a saber que el cambio dentro del cuerpo es posible, y que incluso el hado general del organismo físico no está fijo, y que su ADN no está escrito sobre piedra.

No olvidemos que el camino del Kabbalista es un sendero hacia la totalidad y la unidad. En general, el sendero Kabbalístico, al igual que otros senderos esotéricos, no siempre se trata acerca del cambio. El trabajo espiritual no es, por lo tanto, sólo acerca del cambio y del crecimiento, sino acerca del autoconocimiento y de la consciencia.

En el mundo moderno, especialmente en Occidente, existe una tendencia a sentir que la necesidad de hacer algo y hacerse consciente de algo es sinónimo de tomar acción.

Para la vida del místico que participa dentro del mundo, el despertar e involucrarse a uno mismo con una experiencia es algo más que tomar acción. Hacerse y ser consciente es suficiente para causar cambios en la vida.

Estamos experimentando cambios en la consciencia meramente al absorber este conocimiento y al contemplarlo. Por lo tanto, cada experiencia dentro del momento del ahora contribuye a las posibilidades de crear nuevas memorias y de empoderar o debilitar memorias viejas.

En otras palabras, la elección consciente (libre albedrío desde el nivel del alma) abre un nuevo horizonte acerca de nuestra historia personal y de cómo podemos afectar esta memoria de ser necesario. Esto también puede preservar memorias que son fructíferas, enriquecedoras y constructivas para poder apoyar un entorno interno sano para el aprendizaje.

Considera que nuestras memorias psicológicas y emocionales no son tan diferentes de las memorias físicas, las cuales están todas guardadas y almacenadas en nuestro ADN y en nuestros genes.

Esta situación entrelazada de la memoria en la naturaleza, en la cual el Espíritu, la psique y la corporeidad no pueden ser separados, nos trae consecuencias trascendentales sobre cómo usar la memoria para un trabajo y sanación espirituales profundos.

La memoria en las enseñanzas esotéricas y en la Kabbalah es frecuentemente vista como un reflejo del conocimiento proveniente de una fuente universal desconocida a los sentidos físicos. El universo es conocimiento condensado en memoria, la cual puede ser accesada por cada individuo.

A través de la experiencia personal en este universo (recuerda que el universo se encuentra por dentro y por fuera), consideramos estas experiencias como personales mientras que, de hecho, son información universal que siempre estuvo ahí. Hay unos pocos aspectos personales con respecto al universo o a la naturaleza que nos rodea.
Incluso nuestro propio cuerpo físico no es una posesión personal, pero desarrollamos una fuerte relación personal con él, como si fuera "yo".

De esta manera, el universo se personaliza, y en el camino, construimos una colección de memorias que llamamos nuestras. Estos bancos de memorias personales nos hacen unidades de experiencia limitada, y al mismo tiempo, específica y única.

En la nueva biología, esta originalidad también se expresa a sí misma en el así llamado fenotipo, o la forma en la que aparecemos físicamente a otros.
Esto está relacionado al ascendente en la astrología Kabbalística. Estas memorias traen tendencias y condicionamientos con ellas, operando principalmente desde una vida interna inconsciente. El camino espiritual hacia la autoconsciencia es el camino hacia la inconsciencia, no sólo del mundo psicológico, sino también del mundo físico.

La función de la memoria parece estar directamente relacionada con el karma. Las acciones humanas se llevan a cabo desde la memoria, desde los reflejos personales condicionados (reflejos en el espejo interno de Yesod) y desde los patrones repetidos.

Cada persona tiene su propia particular y compleja red de memorias, la cual orquesta las emociones y los pensamientos que eventualmente llevan a la acción. Es casi por definición que las memorias trabajan a través del inconsciente, encontrando automáticamente su camino hacia el cuerpo físico. Las acciones no sólo se refieren a las acciones motoras, sino también a las acciones viscerales (orgánicas) que pueden llevar hacia efectos benéficos o menos positivos en los órganos.

Un ejemplo sencillo es la visita de un familiar en el hospital, en donde las imágenes, los olores y los sonidos facilitan respuestas que vienen de las memorias de cuando el visitante estuvo en el hospital en el pasado.

Tal evento puede provocar múltiples reacciones psicosomáticas. Sin una consciencia que acompañe a estas reacciones, uno es propenso a revivir un comportamiento condicionado similar a lo previamente experimentado, repitiendo una y otra vez los mismos patrones.

La historia personal puede servirnos mucho, dependiendo de la calidad de ésta, de los patrones relacionados al hado, y de si las memorias comparten un "sendero" en el cual la persona ha puesto en marcha su destino.

Las estructuras de memoria antiguas pueden servir a una vida anterior, pero pueden estar en oposición a una vida actual. Ser conscientes de estas memorias es la precondición de cómo dejarlas ir o, preferentemente, transformarlas.

En el ejemplo del cuerpo, una memoria no es simplemente "una imagen en la cabeza" localizada en algún lugar del lóbulo temporal o de la amígdala del cerebro.

Si recuerdas algo, el cuerpo físico entero resuena y recuerda la experiencia. De la misma manera, una memoria en el cuerpo físico en algún órgano, tejido o célula es recordado por todo el organismo.

El organismo humano puede ser visto como un holograma en el mundo físico y psicológico, donde cada parte refleja a la totalidad y al todo. Cada parte del cuerpo es capaz de reflejar la completitud del todo. Ninguna memoria existe por sí sola.

En Kabbalah podríamos decir que nuestra luna de Yesod brilla como un espejo en cada mundo donde cada parte puede contemplarse así misma en el cuerpo mayor. Y así, se dice que dentro de las emanaciones desde Aziluth hasta Assiah, los mundos no están divididos o multiplicados, sino que son un espejo los unos de los otros.

Cada acción lleva a una reacción; ésto se dice a veces que es la ley del karma: una consecuencia que surge del movimiento (acción). Debemos ser cuidadosos con lo que generamos con nuestras acciones, ya que el karma no es simplemente la reacción a nuestras acciones, sino también los efectos que éstas provocan en el mundo.

En esta explicación del karma, nuestras acciones pueden tener, de hecho, muchas consecuencias distintas. Lo que puede ser benéfico para una situación podría ser desafortunado para otra. Por lo tanto… ¿Qué debemos hacer? Al estar en conformidad con una vida (ley) metafísica, empezamos a vivir desde unos principios que son creativos y espirituales en lugar de vivir únicamente desde las opiniones, los juicios y las preferencias personales.

Los estados mentales que dirigen el "show" de cada día, y nuestras intenciones, de las cuales no somos muy conscientes con frecuencia, determinan una buena parte de nuestro karma generado. Podemos, por consciencia y libre albedrío (alma), no sólo reajustar y alterar el comportamiento, sino, primero, resolver el karma por medios espirituales.

Esto requiere ocuparnos de nuestros pensamientos e intenciones antes de que se manifiesten a través de nuestro cuerpo y en nuestra vida física externa (nuestro entorno personal). El trabajo redentor es parte de esto, pero también incluye la prevención de pensamientos, sentimientos y acciones dañinos, a través de la intuición y de la previsión.

Una pregunta que podríamos desear hacer es: "¿Qué es lo que deseamos que ocurra?" El "deseo / voluntad" del cual se habla en esta pregunta es el libre albedrío. Las decisiones conscientes fluyen desde la vasija de la autoconsciencia del alma y del asiento de la consciencia. Desde aquí tenemos acceso a las ideas e intenciones sutiles y somos capaces de alterarlas antes de que se manifiesten de hecho a través de nuestro mundo Assiáhtico. En términos más esotéricos, cambiamos nuestras acciones en el dominio etérico o incluso astral (Yezirah) antes de que se materialicen en el mundo físico de Assiah.

Nuestro karma puede ser una influencia burda o sutil en nuestra habilidad de manifestar; es decir, que podemos pensar cosas muy malas, pero luego podemos cambiar su calidad y dirigirlas a otro lugar dentro de nosotros mismos (diagrama I).

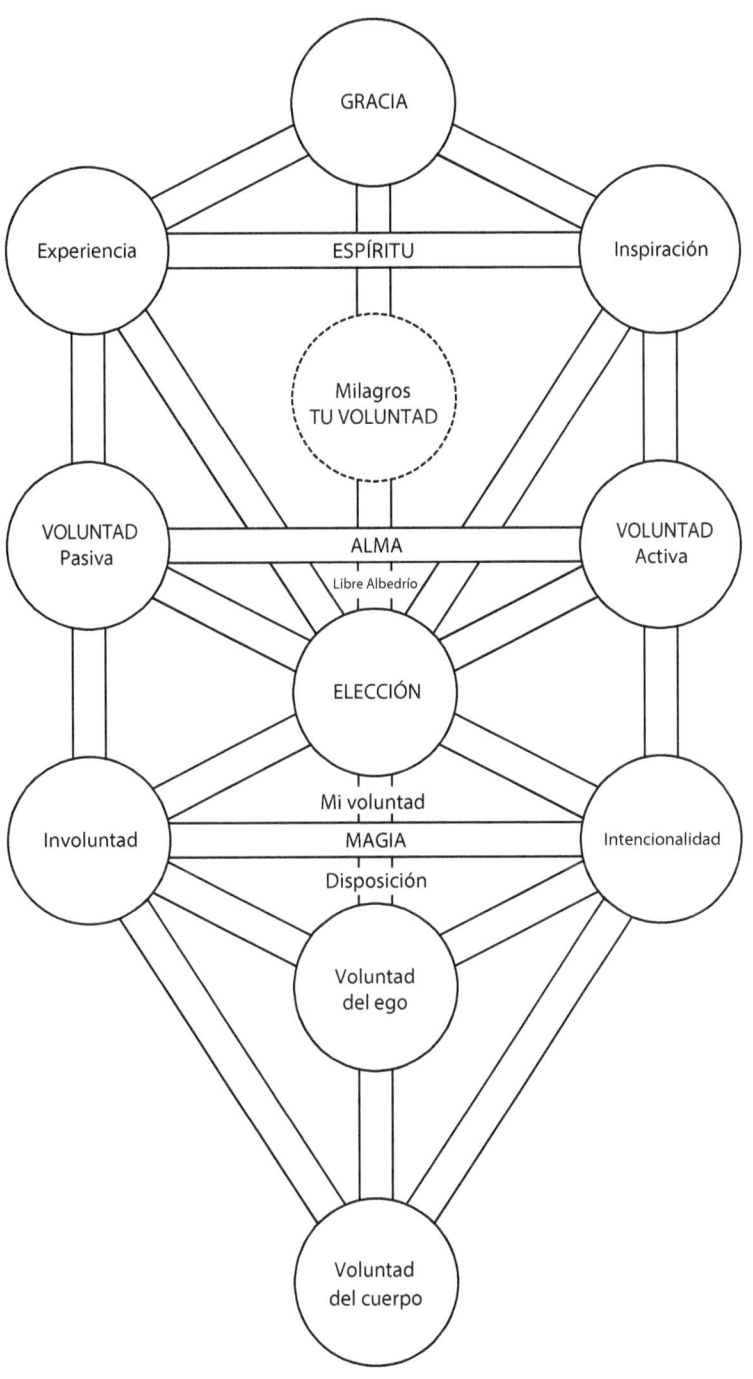

Diagrama I

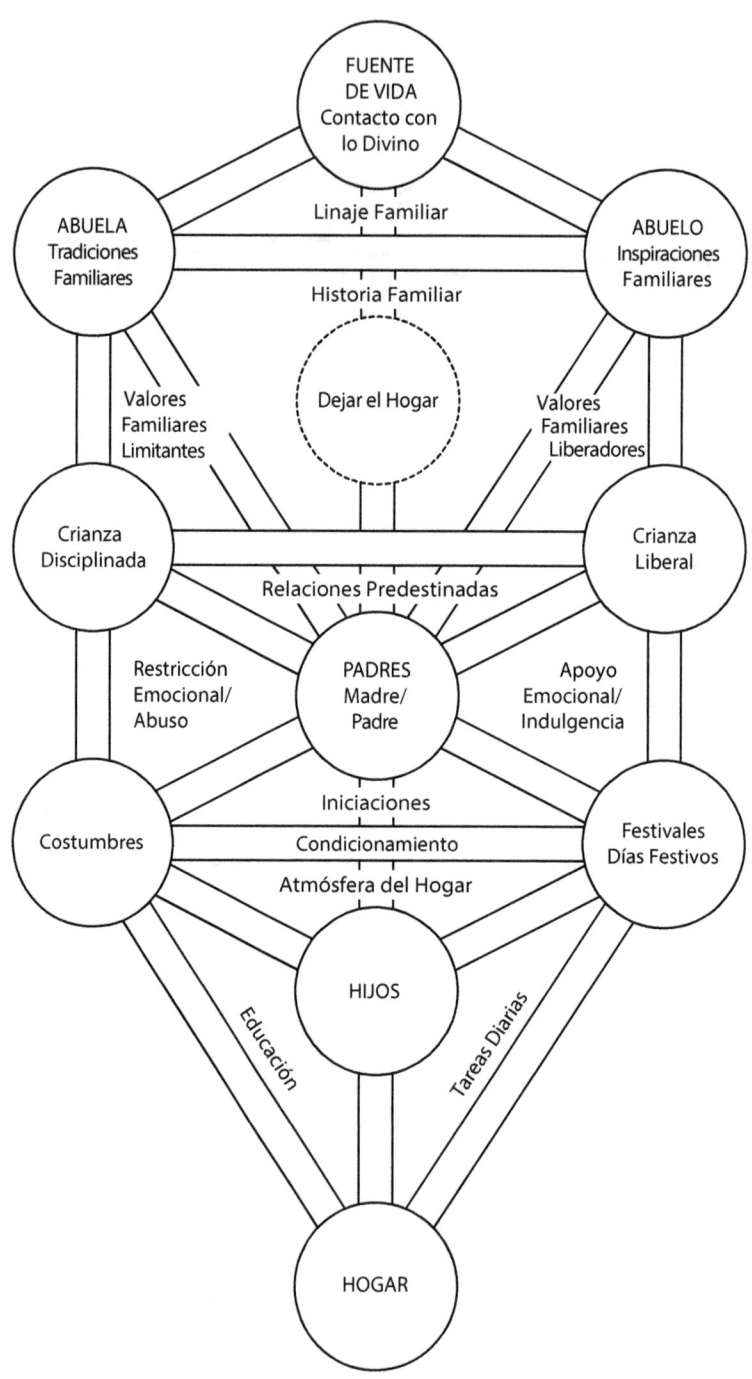

Diagrama J

La corrección del pensamiento en una forma espiritual se hace con una actitud sutil y amorosa hacia ti mismo; la guía de este tipo por sí sola provocará el rumbo correcto para que las cosas se hagan realidad. Castigarte o insultarte a ti mismo o a alguien más es contraproducente para aquellos que claman tener sabiduría. Además de esto, el saber que tenemos conocimiento insuficiente para juzgar a otros contiene una gran sabiduría.

En esta etapa de nuestro desarrollo estamos demasiado limitados (con algunas raras excepciones) en nuestro entendimiento, particularmente cuando tú o el otro no saben por qué están siendo castigados. Así que, de nuevo, juzguemos de una manera muy leve o no lo hagamos para nada, pero meditemos y contemplemos diligentemente.

Nuestro peor karma autogenerado y los efectos de tales acciones surgen de la ignorancia y la arrogancia. Esto puede llevar a una persona, o a un Kabbalista en particular, hacia la consciencia de que no podemos vivir esta vida por nosotros mismos sin la ayuda de un poder e inteligencia más elevados.

En la situación en la cual hay un efecto prolongado derivado de la memoria (a menudo a través del miedo y la ansiedad), los procesos emocionales generarán péptidos y enzimas físicos y reacciones eléctricas.

Los complejos activos emocionales (tríada Chesed-Tifareth-Netzach en Yezirah) causarán reacciones químico-eléctricas en la tríada correspondiente en Assiah. Por supuesto, lo mismo ocurre para los procesos en el pilar del lado izquierdo. Los programas individuales de comportamiento aprendidos encuentran su camino hacia el sistema nervioso central y autónomo y al ADN, donde un cierto tipo de "software" está instalado.

Todos y cada uno de nosotros vive con este tipo de mecanismo, sea que nos guste o no. Diré de nuevo que este tipo de software es vitalmente necesario. Sin él, nosotros no podríamos funcionar. Lo que es importante en esta historia acerca de la biología y la Kabbalah son los patrones personales negativos que nos sabotean y nos obstaculizan en nuestro desarrollo espiritual.

Meditación (Diagrama J)

Siéntate o recuéstate y llega a un estado de meditación. Llega a un ritmo regular de respiración.

Hazte consciente de que tus memorias han moldeado y dado forma a quién eres hasta este mismo día. Cada pensamiento, emoción, acción y sentimiento que llevas contigo en la memoria consciente e inconsciente son piezas de en quién te has convertido hasta el día de hoy.

Nuestro ayer es el fundamento de nuestro momento presente. Nuestro momento presente es el fundamento de nuestro mañana.

Medita sobre lo que quieres ser y en quien deseas convertirte. Sé consciente de que las memorias que generamos en este preciso momento son en quienes nos convertiremos en el momento siguiente.

Usa el diagrama del Árbol de la Vida para esta meditación en particular. Mira el diagrama dentro de ti y mantenlo como una memoria de totalidad, armonía y sabiduría.

Repetir esta meditación de la memoria diariamente durante algunos minutos generará una memoria potente y simbólica dentro de ti.

Capítulo 8: El mundo de Assiah como un espejo

Nuestro cuerpo físico está en un modo constante de flujo, mediando entre los principios de anabolismo y catabolismo en ese proceso al cual llamamos metabolismo. Este es un intercambio dinámico y alternante entre el crecimiento y la decadencia, el cual está localizado en la tríada de Tifareth-Gevurah-Chesed de Assiah.

El sistema nervioso central, localizado en la columna central en el Tifareth de Assiah, permite al cuerpo a regularse a sí mismo, afinándolo, por así decirlo, hacia un movimiento armonioso entre los pilares pasivo y activo. Desde este punto del sistema nervioso central, el cual es la ubicación del Malkuth de Yezirah, entramos en el primero de los vestíbulos inferiores en la Escalera de Jacob, la consciencia física (diagrama B).

La consciencia del cuerpo debe de venir desde un centro, por encima de los estados y etapas rudimentarias de la operación corporal que reconocemos como mineral, vegetal y animal (físico). El sistema nervioso central es la primera condición física desde la cual la consciencia orgánica parte. Esto implica un tipo de causalidad materialista; es como si el cuerpo físico fuera necesario para que la consciencia exista.

La causalidad de este tipo es a veces llamada "causalidad ascendente" en ciertos círculos científicos y en el camino de evolución, o Teshuva en Kabbalah.

Lo opuesto de esta causación creativa ascendente es una aproximación descendente, más religiosa, o el camino de la involución. Esto puede ser descrito como un entrelazamiento de los dos procesos recíprocos interdependientes de involución y evolución. Fuera de la consciencia o del Espíritu (descenso), la fisicalidad se envuelve, y fuera de la formación y construcción de un vehículo físico, la consciencia se eleva (ascenso). Uno está ahí dentro del otro (diagramas K1 y K2).

Es importante que un Kabbalista o estudiante serio de cualquier sendero esotérico se ocupe tanto del cuerpo físico como de la existencia física. Como se comentó anteriormente, el mundo de Assiah es una materialización de todos los tres mundos superiores: Aziluth, Briah y Yezirah. Assiah es, en este respecto, el fruto del Árbol de la Vida, y como una vez fue dicho por un gran maestro: "… Por sus frutos reconoceréis al Árbol…"

El Árbol de la Vida entero finalmente se presenta a sí mismo como una apariencia física en un mundo físico. Aunque las realidades más profundas o elevadas están "ocultas" dentro de la densidad el mundo físico, la esencia siempre está ahí, dentro de la materia sustancial. Nuestra biología es mucho más que un bulto de carne con cinco sentidos y, definitivamente, no está limitada al mundo físico. La conclusión es que el cuerpo es un espejo de todos los mundos que han descendido hacia Assiah.

Mira a tu cuerpo en este mismo momento; siéntelo y percíbelo. Puedes observar tu respiración por un momento. El estado de tu cuerpo en este momento es exactamente cómo los cuatro mundos anteriores se han manifestado a sí mismos. El cuerpo no miente en ese respecto.

Además, el cuerpo físico siempre está en el ahora, mientras que la psique (la faz superior de Assiah) se está moviendo adelante hacia el futuro y atrás hacia el pasado. En cualquier momento y a cualquier hora puedes usar el cuerpo como un espejo para tu presente estado del ser.

Meditación

Puedes hacer esta meditación sentado o caminando. Dondequiera que te encuentres, sea en posición sentado o caminando, estás en el momento presente cuando eres consciente del cuerpo.

Dentro de cada respiración o movimiento del cuerpo, estás en el ahora. Incluso si tus ojos están abiertos y miras algo, sé consciente de que lo que ves está en el momento del ahora.

Si te haces consciente del interior de tu cuerpo, llegas a la misma experiencia; lo que tú encuentras aquí es el resultado de lo que fue en el pasado, pero tú sólo lo sabes en el momento presente.

El cuerpo siempre está en el ahora y nunca miente.

Contempla esto.

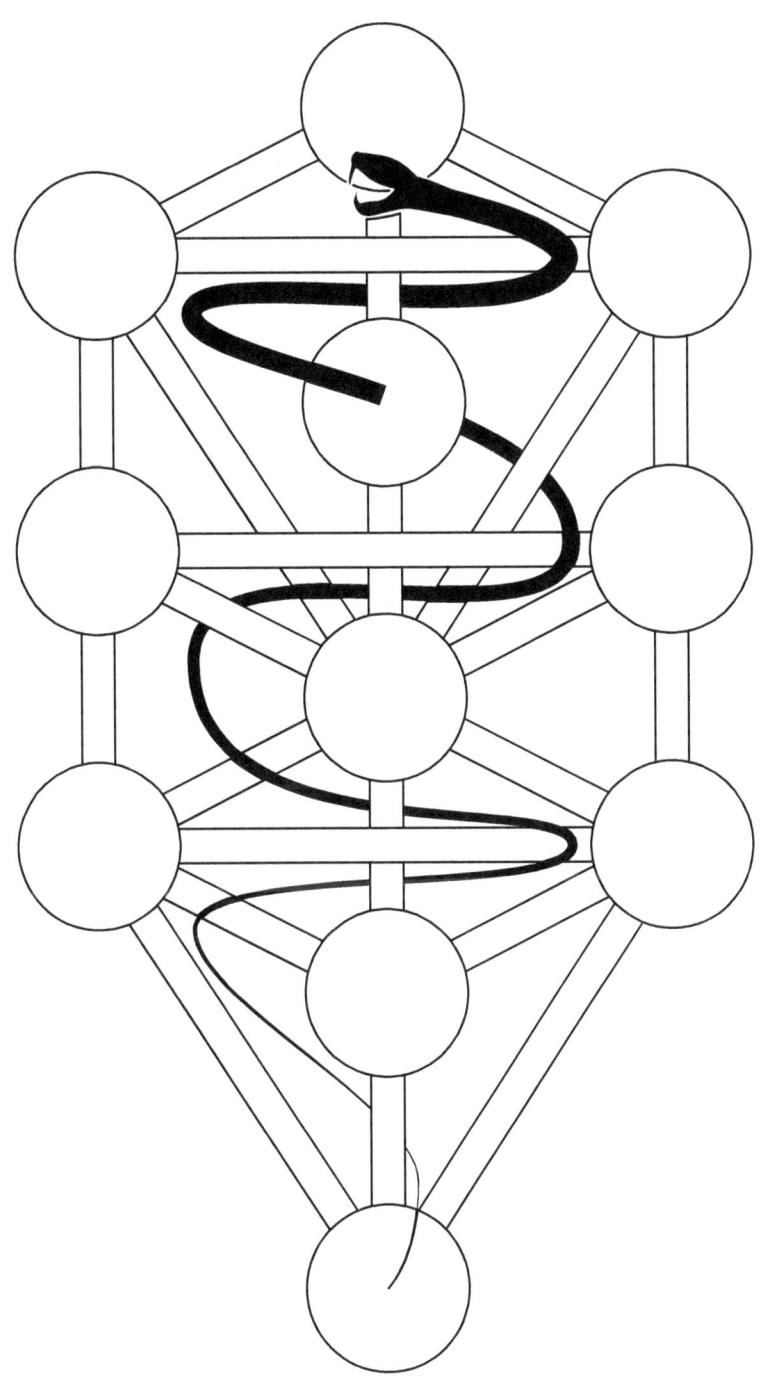

Diagrama K1

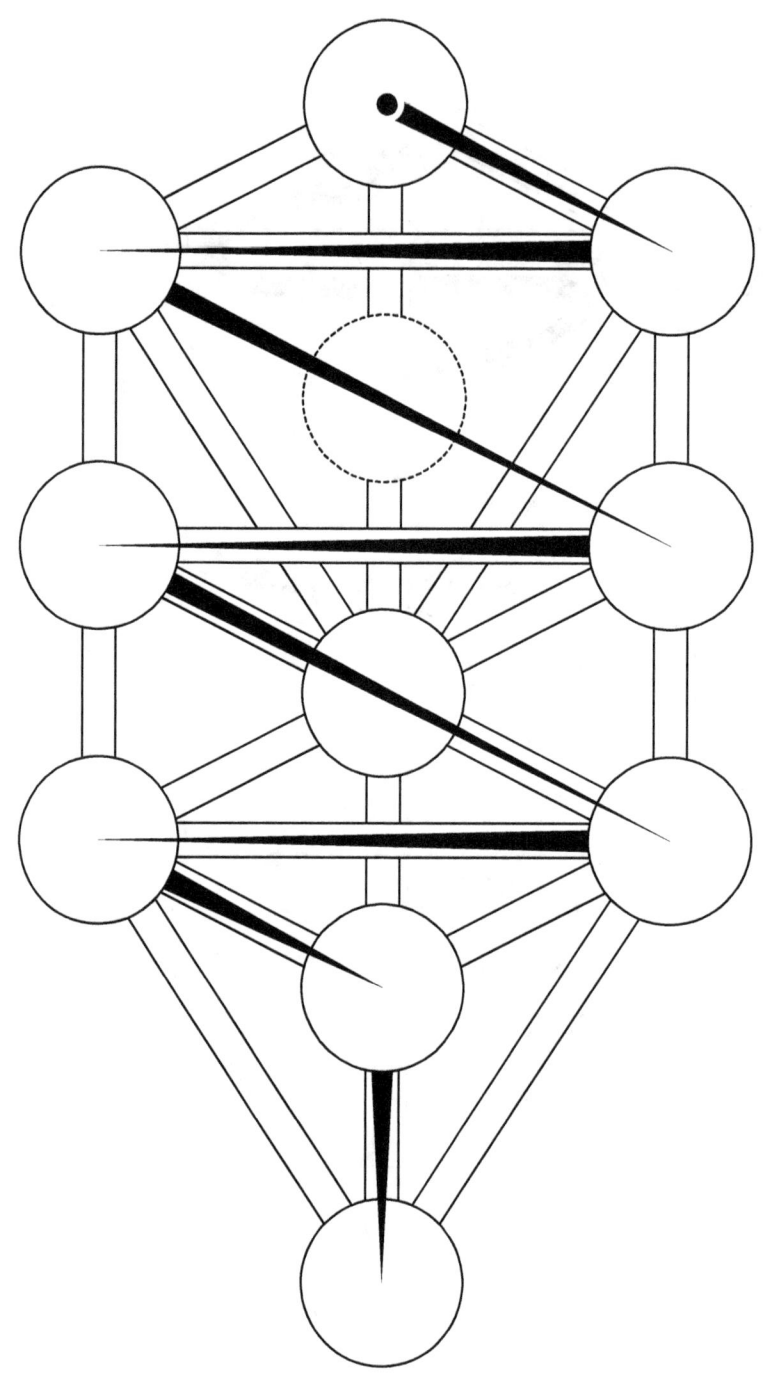

Diagrama K2

Desde nuestras meditaciones sobre el cuerpo también podemos destilar qué datos e información están instalados y almacenados en nuestros genes, particularmente cuando ves viejos hábitos del cuerpo y de la psique inferior, los cuales son difíciles de romper, pues ellos se han convertido en patrones fijos dentro de ti. La información y los datos del mundo psicológico y, tal vez incluso de los mundos superiores son traducidos, por decirlo de alguna forma, como códigos proteínicos (genes).

Los genes son espejos minúsculos de lo que está ocurriendo en el cuerpo mayor. Imagina que los códigos de los aminoácidos (proteínas) presentes en el núcleo de la célula son diminutos prototipos de información que determinarán los códigos y la estructura del resto del cuerpo.

En otras palabras, la estructura de los genes aparece desde el interior, y el cuerpo será construido o reconstruido en consecuencia. ¿Acaso es una coincidencia tal vez que los genes son un nombre raíz para Génesis? Éstos son los inicios de un universo.

La construcción de cada cuerpo individual refleja la estructura de los genes contenidos dentro de él. Cada proceso y transformación espiritual comienza con una reflexión, mirando desde adentro hacia afuera y de afuera hacia adentro. Para entender completamente qué está sucediendo en la totalidad del cuerpo, deberíamos detectar qué información está presente dentro del núcleo y de los genes. Un principio que nos lleva otra vez de regreso hacia el axioma: "Como es arriba es abajo; como es abajo, es arriba".

Los factores hereditarios están presentes dentro de nosotros y se entremezclan con comportamientos aprendidos y adaptados de nuestra vida en la niñez. Para la mayoría de nosotros, ésa es la base del estado de las cosas tanto en la parte física como en la parte psicológica inferior.

Por lo tanto, el espejo del cuerpo muestra una representación clara y precisa de nuestro paisaje interior. La nueva biología es llamada la biología de la creencia, ya que nuestros sistemas de creencias, suposiciones y condicionamientos, tanto personales como colectivos, son los factores que dan forma a la biología de nuestros cuerpos. Cómo nos vemos a nosotros mismos es en quienes nos convertimos físicamente.

Esto significa que, con suficiente perseverancia, nuestras emociones se manifestarán en su equivalente físico. Una persona feliz y positiva generará hormonas, enzimas, proteínas y otros químicos felices-positivos que transformarán nuestros cuerpos en ese estado de emoción. Lo inverso, como ya lo hemos visto, es también verdad y podemos "hacernos y deshacernos" a nosotros mismos desde adentro.

Es importante recordar que este proceso comienza, menos dentro del vehículo físico y los genes-ADN, y más en los niveles más elevados en el mundo psicológico, donde, de acuerdo a una jerarquía natural, nuestros pensamientos, emociones, intenciones y percepciones se convierten en algo físicamente real y tangible.

Capítulo 9: Percepciones

Dijimos en el capítulo 3 que las percepciones son simplemente creencias, en términos humanos. En el nivel celular y del ADN, una percepción es simplemente una transmisión de información sin una interacción personal con ella. Para que una célula transmita o reciba información, la información misma no es interpretada de una manera personal, sino que, más bien, es automáticamente transferida a la siguiente célula.

Las percepciones en el nivel macro o humano del cuerpo se convierten en creencias, ya que éstas son interpretadas por un nivel psicológico más sutil en la parte superior de Assiah, centrado en el Yesod de Yezirah, es decir, en nuestra consciencia diaria personal.

Es en este centro de consciencia que la información es constantemente comparada, reflejada (memoria), analizada, sentida y evaluada de acuerdo a nuestras creencias y experiencias previas. Las creencias viejas y nuevas pueden estar diametralmente opuestas (rechazo) o pueden estar alineadas (aceptación). Éstas son las columnas izquierda y derecha, respectivamente, en el Árbol de la Vida.

La consciencia del ego es vital para vivir una vida como un ser individual; hace posible que la psique se enfoque en una cosa a la vez, en lugar de absorber y procesar toda la información que viene hacia nosotros. El ego-Yesod es el lugar de patronaje donde moldeamos y hacemos composiciones de nuestras experiencias personales.

No podemos prescindir de la memoria en una vida encarnada. Es nuestra referencia de lo que nos encontramos en el momento presente y nuestra herramienta para anticipar el futuro. Recuerda: la percepción requiere de la memoria y la memoria requiere de la percepción.

Para ser un agente de cambio en nuestra vida interna sutil en el nivel de la psique (Yezirah) mientras estamos viviendo en el mundo de los cuerpos y de los genes (Assiah), necesitamos ser gente de conocimiento a través de la experiencia.

Como es dicho en Kabbalah, el conocimiento es poder e implica, automáticamente, que sin conocimiento tienes poco o nulo poder. Cuando hablamos de poder en términos Kabbalísticos, quisiera enfatizar el conocimiento de uno mismo, el cual es el verdadero poder. El conocimiento y el poder sobre otros no tiene lugar en el trabajo del Kabbalista.

Depender completamente de las ideas de que nuestros genes controlan nuestro futuro nos va a desempoderar. Éstas incluyen las ideas de que los factores hereditarios en los genes controlarán en quiénes nos convertimos y qué nos sucederá, o qué desafortunadas enfermedades que se presentan en la familia saldrán un día a la superficie.

Tales son las creencias (interpretaciones) de la información que hemos recibido de la ciencia materialista en las últimas décadas. Por ejemplo: recibir consejo de un doctor que te dice que tu colesterol está algo alto, pero que no puedes hacer nada al respecto porque es un problema hereditario.

Con este tipo de creencia y aproximación a nuestros propios cuerpos (y psique), no sólo estamos insultando a nuestra propia inteligencia, sino a la Fuente-de-todo, la cual nos ha provisto de regalos divinos.

Otra cosa que surge de esta creencia fatalista en la fijación genética es la suposición de que hay menor o nula responsabilidad personal con respecto a nuestra propia salud. "No puedo hacer nada al respecto… Así fui hecho…" son algunas de las declaraciones dadas por mucha gente que cree en lo que se les dijo o que han leído, en lugar de lo que han encontrado dentro de sí mismos.

Sabemos gracias al Árbol de la Vida que la responsabilidad viene con conocimiento y consciencia, los cuales son atributos del Alma (Tifareth-Gevurah-Chesed de Yezirah).

Ser responsable desde el nivel del alma significa que "respondemos a la vida" en lugar de reaccionar (nivel Yesódico de la creencia) y que tomamos decisiones conscientes acerca de lo que implica nuestro sistema de creencias.

Te invito a considerar lo siguiente: ¿Qué pasaría si yo veo, escucho y siento mi cuerpo como una vasija Divina, y siento que cada partícula, desde la más pequeña hasta la más grande, es una unidad brillante, amorosa y pacífica?

La responsabilidad es la acción autoconsciente hacia la vida, comenzando con tu propio panorama interno y todas las acciones que lo contienen, concernientes al mundo de Assiah, el cual incluye a nuestro mundo personal.

Encontrar excusas para nuestro estado del ser y de nuestra salud ya no es siempre válido. Por supuesto, aunque estamos hablando acerca de una teoría que puede ser aplicada todos los días, aún así hay problemas que no podemos cambiar en el momento presente. Esto no altera la teoría actual, pero nos dice más acerca de las posibilidades humanas y de cómo aplicar esta teoría en términos prácticos.

Otra creencia que hemos adoptado de la ciencia es la suposición de que los genes tienen la misma función en la célula como el cerebro la tiene en el cuerpo. Es comparable a la torre de control central de todas las funciones vitales en el cuerpo. Como en un aeropuerto, la torre de control es de la mayor importancia, asegurándose de que todo el tráfico (información) vaya a "aterrizar y despegar" eficientemente y de una manera segura. Este centro de control que provee y regula, equilibra y armoniza, es el Tifareth de Assiah.

Cambiar esta percepción no es tan difícil y puede suceder en un instante. Las creencias están relacionadas con cómo nos sentimos acerca de las cosas que nos pasan (personas y situaciones), tanto interna como externamente, siendo ésta una experiencia personal a través de nuestros pensamientos y acciones, o los procesos bio-psicológicos pasivos y activos (tríada Yesod-Hod-Netzach de Yezirah).

Estas creencias y sentimientos tienen su lugar correspondiente en el cuerpo en donde están localizados los órganos viscerales, dándonos el denominado "presentimiento"[1].

---

[1] N. del T. En inglés se le llama "gut feeling" o "sentimiento visceral", pudiéndose entender como "presentimiento" o "corazonada".

Nuestra psique y nuestro cuerpo pueden comunicar ciertas creencias simultáneamente en el mundo de la psique (Yezirah) en la forma de sentimientos y sensaciones corporales.

Estos sentimientos y creencias tienen una inteligencia propia, y no deberían de ser vistas como expresiones inferiores del ser humano natural. El problema que puede (y llega a) surgir de la ignorancia y la superstición es una creencia que nació de las motivaciones erróneas, tales como el miedo, la ansiedad, el enojo o la baja autoestima.

Las percepciones no vienen sólo de un sentido de la vista, sino de todos los sentidos, junto con el pensamiento, los sentimientos y las acciones. Una percepción es siempre subjetiva y, por lo tanto, nuestra creencia también es subjetiva. Podemos creer en la misma cosa, pero la forma en que creemos es siempre diferente a la forma de otra persona.

El mundo que percibimos es un fenómeno que siempre está conectado con cómo experimentamos el mundo que nos rodea. La célula opera desde estas percepciones subjetivas entre ella misma y el entorno. Pero hay más.

La manera en la que pensamos y nos sentimos acerca de nuestro propio cuerpo es comunicado a través de medios químicos y eléctricos en los sistemas endocrino y nervioso, respectivamente. Estas señales químicas y eléctricas encuentran su camino hacia la célula y los genes dentro de ella.

La percepción que viene del macrocosmos del organismo natural (Árbol de Assiah) moldea y le da forma a (pero no determina) la química interna y la percepción del microcosmos de la célula. Vemos aquí de nuevo una jerarquía que muestra que los eventos que se desarrollan en el macrocosmos afectan e influyen en el microcosmos.

La percepción viene de los tres mundos inferiores en la Escalera de Jacob, ya que lo mundano y lo cósmico no están separados, sino más bien integrados. Los seres humanos tienen el potencial de percibir el mundo y a sí mismos en el ámbito íntegro de los tres mundos (diagramas A y B).

En el pilar del medio, los Sefirot explican la forma en la que somos capaces de percibir en diferentes mundos y con diferentes "ojos". Malkuth percibe la dimensión física, uniendo el mundo elemental que los sentidos pueden comprender. El cuerpo o vehículo de Malkuth está diseñado para vivir en este entorno físico-biológico. Más aún, el cuerpo físico surge de la tierra (vientre) habiendo sido "invocado, creado, formado y hecho" para caminar en la tierra.

La denominada "caída del Edén" fue una consecuencia cósmica del libre albedrío, de tal forma que la psique se pudiera manifestar en la décima emanación. Yesod tiene la habilidad de formar una relación personal con el mundo, siendo capaz de percibir el mundo personal adentro, relacionado con el entorno directo (personal). Además, desde nuestro Yesod psicológico, podemos ser conscientes del cuerpo y de la interacción entre el cuerpo y la psique.

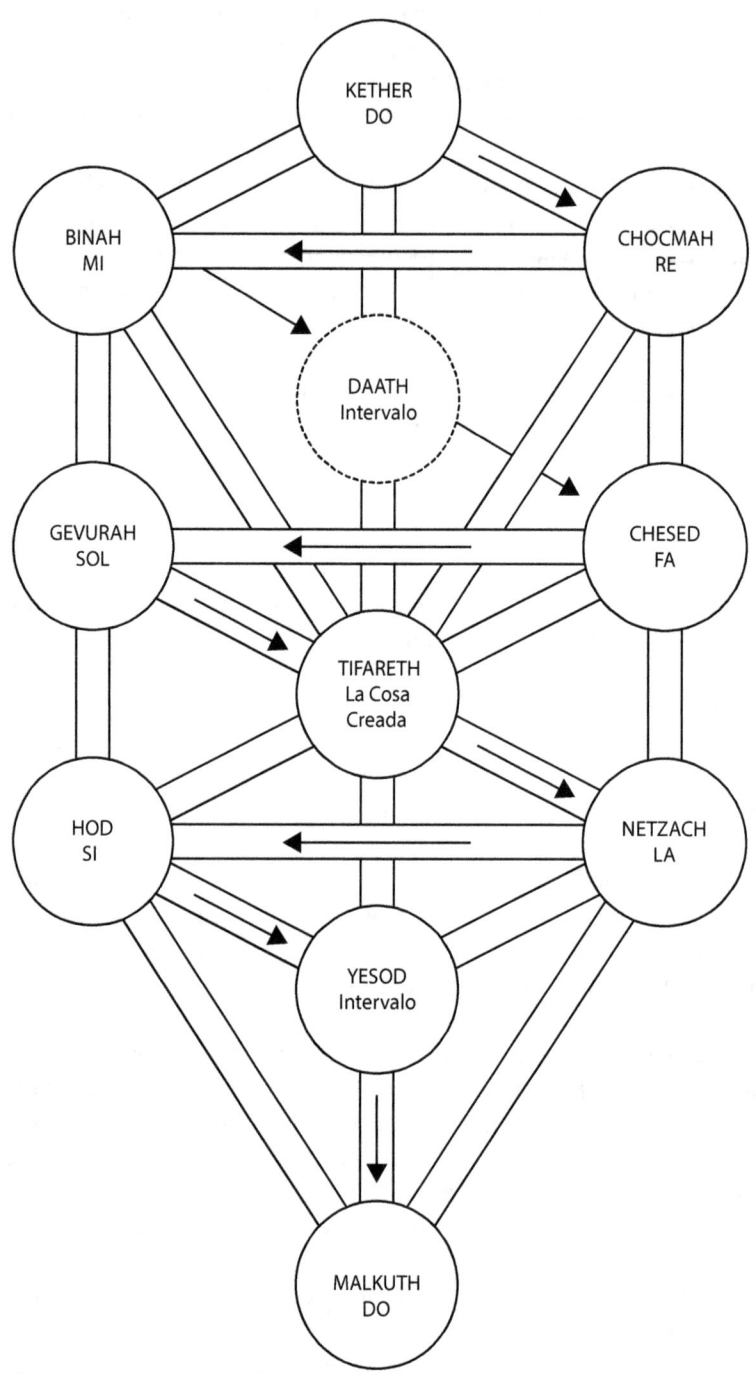

Diagrama L

Tifareth juega un papel muy distinto en este respecto, ya que representa al ser (psique) percibiendo el "afuera" (Malkuth, Yesod), y el nivel mineral, vegetal y animal del Árbol natural, y la vida interna o espiritual Briáhtica. Tifareth está localizado en la psique y la consciencia donde Salomón tiene su asiento (trono) y los tres mundos inferiores se encuentran (diagramas A y B).

Malkuth es sólo inclusivo para sí mismo, mientras que Yesod puede incluir el cuerpo además de a sí mismo (psique inferior o dominio personal). Tifareth es capaz de abarcar estos dos niveles antes mencionados, percibiendo desde una posición de "testigo silencioso". Aquí nos hacemos conscientes de ser conscientes mientras que involucramos e incluimos a los niveles de abajo y de arriba.

Estos procesos se reúnen en lo que llamamos el alma. El alma tiene su propia percepción de la realidad, siendo el vehículo de la consciencia, y es nuestro compás espiritual, el cual se esfuerza en trabajar hacia la unidad y la totalidad.

Puedes imaginar que entre más vivimos y tenemos nuestro ser desde esta percepción de Tifareth y el Alma, dejándolos ser, por decirlo de alguna manera, el capitán de nuestro barco, nosotros "navegaríamos" un tipo de vida diferente.

¿Qué historia le contaríamos a nuestra psique personal inferior y a nuestro cuerpo? ¿Qué consecuencias internas podría tener esto para nuestra vida natural?

El Alma y Tifareth podrían sintonizarse a los mundos superiores, haciendo al vehículo natural (Árbol de Assiah) una vasija para que los mundos superiores fluyan hacia abajo y dentro de ella.

En la preparación hacia este fin, el Kabbalista trabaja en el proceso de purificarse a sí mismo(a) de tal forma que la influencia de los mundos superiores sea no sólo recibida, sino también sostenida y entendida.

Es una cuestión para que las leyes de las octavas y las frecuencias (diagrama L) determinen hasta qué grado preparamos el mundo natural de Assiah para la recepción. Después de todo, ése es el significado de Kabbalah, recibir.

Otra expresión para recibir es hacerse a uno mismo disponible para los mundos superiores. Entre más seamos capaces de hacer esto, más dignos de confianza seremos para la Fuente, y más seremos capaces de trabajar en armonía con la providencia.

Meditación

Esta meditación nos trae una vez más al Árbol de la Vida.

Imagina y siente su imagen dentro de ti. Kether como una corona en la cabeza, Chocmah y Binah en cada lado de la cabeza. Daath alrededor de la cabeza y la garganta, Chesed y Gevurah en los hombros derecho e izquierdo. Tifareth en el centro del corazón/esternón. Netzach y Hod en la cadera derecha e izquierda. Yesod en la pelvis y los genitales, y Malkuth entre los pies.

Puedes hacer esta meditación de pie o sentado, o incluso caminando si has practicado lo suficiente para hacerlo.

Conecta los 22 senderos entre los Sefirot. No pongas nombres o imágenes en tu árbol Interno. Simplemente mantén tu Árbol vacío, como una vasija abierta.

Ahora, haz una intención de estar disponible para la Fuente de todo, para la Divinidad y para el cosmos. Sé abierto. No esperes nada y espera todo.

Capítulo 10: Cambios y consecuencias

Todo este trabajo espiritual/Kabbalístico cambiará nuestra biología interna, sintonizando, respondiendo y viviendo nuestra vida encarnada de acuerdo a las leyes universales, particularmente las leyes que gobiernan y mueven los mundos inferiores hacia las cualidades y valores metafísicos, incluyendo la armonía, el balance, la compasión y el amor.

El Kabbalista no hace nada por casualidad o accidente, sino que trabaja conscientemente y toma acción hacia estas estructuras internas.
Más aún, el Kabbalista no se detiene en un sistema de creencias, sino que está interesado en la Verdad (Tifareth) y el Conocimiento verdadero (Daath).

El trabajo del Kabbalista cambiará la fisiología del cuerpo, influyendo en el centro y el núcleo de cada célula. Como tal, el Kabbalista se convierte, literal y físicamente, en el Conocimiento que ella/él recibe. Esto es lo que queremos decir en términos esotéricos cuando decimos que "encarnamos" algo. Por lo tanto, somos capaces de encarnar el conocimiento y las virtudes superiores.

Nosotros formamos los vehículos sutiles apropiados de pensamientos, sentimientos, ideas y memorias a través del mundo Yezirático, moldeando nuestro Árbol de la Vida interno. Estas influencias metafísicas se convierten finalmente en materia, en y a través de todo nuestro cuerpo físico (Malkuth). Esto es lo que llamamos en Kabbalah, literalmente, traer el cielo a la tierra, lo cual, en esta explicación, es mucho más que una metáfora.

Desde la consciencia le damos forma a nuestro vehículo, y a través de ese vehículo, nos convertimos en consciencia.

Este es un dicho de un entrelazamiento intrínseco que explica la codependencia, o más bien, la interdependencia entre la consciencia y la materia.

La vida codependiente es más que cooperación, pero se convierte en unidad con la experiencia del ser (ser psicológico en el mundo de Yezirah).

El cuerpo humano consiste de muchas diferentes células, tejidos, órganos y sistemas de órganos, haciendo el organismo total, o el ser biológico. ¿Saben las partes que están separadas? Se ha demostrado que todas ellas tienen un sentido del Ser, pero que no se pueden considerar a sí mismas como un "Yo" afuera de la totalidad de los demás órganos.

La competencia en este sentido les conduce a una tensión que invita a todo lo que tiene vida (tanto la vida en general como la vida personal) a descubrirse los unos a los otros; es decir que no compite en formas que destruyan a los demás a través de una expansión dominante. La cooperación debería de ser desafiada por la competencia y por la tensión para que las funciones y los propósitos de la unidad estén siendo puestos a prueba y traídos bajo una consideración consciente.

Éstas son las dinámicas entre las fuerzas arquetípicas de los pilares laterales en el Árbol de la Vida y en la naturaleza (Chesed y Gevurah, o Júpiter y Marte), todos los cuales deberían ser constantemente observados, verificados y corregidos por un monitor.

Este monitor es el arquetipo solar (Tifareth) que expresa al ser (consciencia), a la percepción del contexto y la armonía, y que tiene una inteligencia recopiladora o unificadora. La inteligencia solar en la naturaleza es el equivalente a la consciencia solar dentro del cuerpo humano, el sistema sutil del cuerpo (chakras) y la energía espiritual del Ser.

El mensaje de muchos grandes maestros siempre ha incluido la cualidad de Tifareth –unificación, cooperación, integración, inclusividad; en otras palabras: amor.

En el sentido bioquímico, la evolución parece viajar en una dirección horizontal ya que muchas especies de todo tipo intercambian información, no sólo por medio de la vía sensorial sino, literalmente, a través del intercambio de ADN (genes). El ejemplo más sencillo es a través de la procreación; sin embargo, hay otros ejemplos más profundos de intercambio.

En lo que respecta a lo espiritual, también debemos buscar formas más horizontales para el intercambio evolutivo, no simplemente construir torres o escaleras para "trepar hacia el cielo", sino para considerar y contemplar el "siguiente paso" en el dominio horizontal.

En Kabbalah, esto significaría que nuestra vida espiritual es expresada a través de nuestros pensamientos, sentimientos y acciones diarias (la tríada vegetal superior). El desarrollo espiritual sucede no sólo a través del eje vertical o pilar central, sino por medio de integrar el vertical y el horizontal. Mientras que la vida horizontal está más ocupada con la experiencia personal, la vertical se relaciona a la experiencia de la consciencia y la experiencia transpersonal.

Mientras estemos viviendo una vida desde la percepción de nuestro ego (mi, mío y yo), no nos desarrollaremos mucho o para nada. Lo interesante en todo esto es el esfuerzo que algunos científicos han efectuado para encontrar el denominado "gen egoísta"; este gen exhibe el comportamiento de imponerse a otros para poder sobrevivir y hacerse mejor en la cadena de evolución.

La idea de ser malo, tener prestigio, tener logros, etc., va de la mano con este gen egoísta. No ser lo suficientemente bueno es el estímulo emocional-psicológico y social para "mover" a la gente y que puedan alcanzar constantemente un nivel de mayor iluminación y sacar más provecho de la vida. De nuevo, este es un punto de vista mecanístico y horizontal, relacionado con el tiempo lineal.

La naturaleza es difícil y dura, y la única forma de hacerla vivible es elevarse por encima de ella, conquistarla. Un mundo de lucha y de guerra de "bien contra el mal" en lugar de amor, confianza, compasión, y el lado práctico de esas cualidades, tal como la cooperación, empatía, apoyo y esfuerzo colectivo. Ésa es, por lo menos, la opinión de algunos neo-Darwinistas.

La cultura humana tiene la adaptabilidad de cambiar de un hecho genético hacia la toma de decisiones consciente. El hecho genético significa la forma en la que hemos visto a los genes como un programa biológico fijo dentro del cuerpo físico.

Esta nueva manera de ver a los genes es una nueva forma de construir nuestra propia biología. Nuestra involucración e intercambio con el entorno es de importancia crucial para hacer cambios en nuestra biología. Esto puede fácilmente llevar, como lo hace frecuentemente, hacia formas oportunistas de hacer que la naturaleza sirva a las necesidades humanas en lugar de vivir de acuerdo con la naturaleza. El Kabbalista trabaja hacia la unidad y, por lo tanto, hacia una homeostasis o armonía en el mundo físico.

¿Es el gen quien es el director del organismo? ¿Viene el cambio en la célula desde el gen, dependiendo de cómo están organizados y regulando al organismo los cromosomas? ¿O es la interacción entre el organismo y el mundo orgánico el factor más importante, el cual mueve el interior y el exterior?

Veamos algunos hechos significativos que hablan a favor de nuestra iniciativa Científico-Kabbalística en curso:

1. La replicación de las células tan sólo puede ocurrir con múltiples estímulos desde el entorno y a través de la ayuda de diferentes genes (no sólo uno); se necesita cooperación.
2. El ADN produce ARN. Esto indica que el ADN es un órgano reproductivo y que no funciona como un cerebro.
3. La competencia es el primer paso en la evolución en llegar a la conclusión de que un oponente es un compañero cooperativo y no el enemigo.
4. La cooperación no es sinónimo de construcción o expansión, pero prospera en el mutuo acuerdo de que una homeostasis debería encontrarse entre construir (expansión) y descomponer o degradar (contracción).
5. Solamente expandirse es, eventualmente, conquistar, lo cual lleva a la enfermedad del organismo y/o psique.
6. Sin embargo, conquistar en la naturaleza se puede hacer de dos formas:
    1) A través del poder y el uso de la manipulación. Por ejemplo: derrocando líderes, forzando la sumisión y la esclavitud de otros (ver punto 5) y
    2) A través del amor y la compasión. Por ejemplo: integrando, compartiendo e incluyendo.

Capítulo 11: La Kabbalah en práctica

Hemos leído acerca de algunas de las implicaciones de las cuales habla la nueva biología en los seis puntos mencionados al final del capítulo anterior cuando se trata de influenciar a los genes a través de la participación consciente en la vida.

Estos puntos nos invitan a trabajar activamente (columna del lado derecho) con la nueva teoría (columna del lado izquierdo), e integrar estas ideas en una forma que complemente el trabajo de unificación. Este es el trabajo del Kabbalista.

La importancia de la cooperación
Examinemos el primer punto mencionado en el capítulo anterior, el cual explica que la cooperación es necesaria para facilitar el cambio verdadero (transformación). Esto significa que, para que un Kabbalista se mueva desde la esfera activa hacia la esfera del crecimiento y hacia la esfera superior de la transformación, debemos traer todas las diferentes partes de nosotros mismos (nuestro Árbol de la Vida) y todos estos círculos en el Árbol de la Vida (diagrama G) hacia una totalidad cooperativa.

Estos círculos abarcan el Árbol desde un nivel o esfera inferior (Yesod en el centro) hacia un círculo medio (Tifareth en el centro), y un círculo o esfera superior (con Daath en el centro). Aquí no hay exclusión, ya que excluir una parte del todo es obstruir la cooperación. Todos los Sefirot y los senderos deberían ser incluidos en este trabajo.

Ahora tenemos una pieza adicional de información esencial en nuestras manos, pues entre más integremos el Árbol entero hacia dentro, más influiremos en la estructura inmediata de la célula: el ADN y los genes.

La replicación de las células no significa un crecimiento ilimitado sin guía y limitación hacia ese crecimiento; por ejemplo, un Chesed ilimitado (expansión) sin la fuerza controladora de Gevurah (contracción). La replicación significa una regeneración (Yesod) de las células, viniendo desde una inteligencia sistemática y organizada (Tifareth).

En tal organización inteligente, cada parte del sistema tiene su lugar y es reconocida como un eslabón vital en la cadena total, complementando la función del ser total (organismo). Así mismo, se dijo en los trabajos clásicos de la Kabbalah que el Árbol tan sólo está completo dentro del número Diez. Hay diez dígitos, diez círculos, diez Sefirot, diez expresiones o nombres de Dios. No son once, ni son nueve; son diez.

Es la típica consciencia e inteligencia de Tifareth el moverse hacia la cooperación, ya que eso, como el sol, es una inteligencia de reunión y cooperación integrativa. En el Sepher Yezirah (Libro de la Formación), Tifareth es nombrado como la inteligencia mediadora y también colectiva, ya que reúne y organiza las condiciones para la armonía y el balance dentro y alrededor suyo. Cada átomo tiene un núcleo alrededor del cual circulan los electrones, imitando, por decirlo así, un mini sistema solar. Ese mismo núcleo está mediando o recolectando inteligencia, reuniendo, formando y manteniendo objetos en armonía alrededor de sí mismo.

Lo que sea que ocurra dentro de nuestro Tifareth psicológico (nivel de Yezirah), o preferentemente, más arriba, en el mundo Briáhtico, donde descansa la Shekinah en el Tifareth de este otro nivel, ocurre también dentro del Tifareth del cuerpo psicológico. La armonía, el balance y la verdad serán una parte de nuestra vida biológica dentro de los átomos, moléculas, células, tejidos, órganos y el cuerpo entero.

Empezar a verte a ti mismo como un ser entero, como un universo que se organiza y se armoniza a sí mismo, es el inicio de la cooperación y la replicación (rejuvenecimiento).

La esencia espiritual organizadora detrás de todo esto es la Shekinah – la Santa Presencia dentro del Reino de Aziluth y, por lo tanto, dentro del Malkuth de cada mundo subsecuente. La Shekinah puede ser encontrada (ya que Ella está en Exilio en la materia) en el Malkuth de Malkuth. Este es el Reino de los Reinos, el núcleo espiritual donde todos los mundos descendientes (Briah, Yezirah, Assiah) han sido creados, formados y hechos.

Todas las expresiones de vida existentes en el Malkuth de Assiah testifican sobre la presencia de la Shekinah a través de su propio ser y existencia/vida. Moverse hacia la materia es, asimismo, aproximarse a la Shekinah, liberándola a Ella de las ataduras del exilio. Simultáneamente, la Shekinah pone en libertad el alma humana de su ignorancia inherente obtenida al llegar al mundo material.

Eso significa que el o la Kabbalista, en su trabajo, desentraña las diferentes capas o mundos (vestiduras) que están presentes y rodean el centro Divino, el cual yace en el corazón del todo. Cada parte es necesaria para la totalidad, y la totalidad es mayor que la suma de sus partes. Implícita en el centro viviente en el corazón de todas las expresiones Assiáhticas en Malkuth, la Shekinah es como el ADN Divino que sostiene todo lo que fue, es y siempre llegará a ser (diagrama A).

Siendo un centro atemporal que está dentro del tiempo-espacio y es el fundamento (en el corazón, Tifareth) de la Creación, la Shekinah se mantiene como el núcleo espiritual desde el cual los mundos se despliegan de momento a momento. En la tradición, aunque la Shekinah puede ser buscada, Ella sólo se revelará a sí misma cuando llegue el momento correcto para recibirla.

Ejercicio

Sé consciente en tus acciones, pensamientos y sentimientos diarios de que todo lo que haces, piensas y sientes es una expresión de la Shekinah.

Tu primer aliento cuando despiertas es el aliento de la Shekinah. Tu primer pensamiento es acerca de la Shekinah, y la primera cosa que sientes es a la Shekinah.

Conforme continúas tu día respirando, actuando, pensando y sintiendo, sé consciente de tu experiencia de la Shekinah en todas estas expresiones.

Ponte a disposición de Ella, ya que ella está presente en cada momento de tu vida, día y noche.

Permite que tus acciones, tus costumbres y rutinas se conviertan en una dedicación a la Shekinah. Siente cómo toda tu vida se orquesta alrededor de la Shekinah conforme Ella dirige todo hacia la cooperación, la complementación y la armonía.

Permite que tu vida esté en servicio de Ella, sabiendo que esta vida no es tuya, sino que se te ha sido dada para que puedas devolvérsela a la Shekinah.

El ADN es un órgano reproductor, no un cerebro

Para elucidar nuestro segundo punto del capítulo anterior, vale la pena introducir otra visión Kabbalística derivada de las escrituras del Génesis.

Conforme el ADN genera ARN a su misma semejanza, también es dicho en el Génesis que "Dios (Elohim) los creó a su imagen y semejanza". En este caso, me refiero al primer libro del Génesis donde Dios, el inmovible, crea a "otro" a su imagen y semejanza.

Aquí llegamos a un antiguo misterio Kabbalístico, el origen de lo que yace dentro de muchas tradiciones, proclamando que Kether es Malkuth y que Malkuth es Kether. En Kabbalah se dice que Kether es la esencia, mientras que Malkuth es la sustancia (de la misma cosa).

Sea como fuere, aquí podemos encontrar una analogía con el ADN y el ARN. El ADN contiene toda la información, pero está en sí mismo confinado dentro de cada célula particular. Como Kether, necesita reflejarse a sí mismo en otro objeto para darse a conocer. Este objeto es un reflejo creado del original que es expresado en tiempo y espacio. El ARN es este reflejo movible del ADN, funcionando en el mundo de la acción, avanzando y transmitiendo información que está contenida en el centro fijo e inamovible de su propio círculo.

Kether, por sí mismo, no es creativo, pero "hace surgir", o es el "Verbo" que se expresa a sí mismo, nombrando a Él-Quien Es, mediante el cual un segundo y un tercero llegan a la vida creativa (Chocmah y Binah). Los padres creativos salen de esa expresión.

En una analogía, el ADN hace evocar y, por lo tanto, surgir a aquello que está contenido en su "punto" o núcleo de su propio ser. El ARN es el movimiento venidero de la Sabiduría y el Entendimiento. El ADN en el cuerpo es normalmente considerado como sustancia material, pero como es una construcción de información, también puede ser considerado como una sustancia mental o, incluso, espiritual.

¿Oponente cooperativo o socio cooperativo?

El tercer punto sigue directamente desde el segundo. La competencia no es algo que no debería de ser. La competencia es una parte necesaria de la existencia. La competencia ocurre en la naturaleza todo el tiempo, desde la escala cósmica hasta la minúscula.

La competencia es donde la tensión se incrementa entre los pilares izquierdo y derecho en el Árbol de la Vida, y se hace menos complementario en sí mismo. Si la competencia tiene un propósito, sería el de encontrar una fusión complementaria y cooperativa entre un extremo y el otro.

La tensión en la naturaleza es natural, pero no es un propósito en sí misma; de hecho, ¿cuál sería el punto? La tensión, la atracción y la repulsión son fuerzas entre los opuestos en el cosmos, los cuales, eventualmente (siempre), se mueven hacia el balance y la armonía (posición de Tifareth en el Árbol de la Vida).

Entre más alejado en el tiempo y más lejos en el espacio sean posicionados los opuestos (pilares) relativos el uno al otro, más vamos a sufrir sus consecuencias. En términos cotidianos, esto se manifiesta como guerra, pelea, conflicto y tensión, pero también contiene síntomas como enfermedad, fatiga, enfermedades psicosomáticas, presión arterial alta e insuficiencia cardíaca. Estos ejemplos demuestran cómo la naturaleza compensa cuando las posiciones de los pilares se mantienen alejadas, en lugar de unirse hacia la cooperación.

Desafortunadamente, el ser humano tiene la capacidad de moverse en contra de la causa natural de las cosas y en contra de la ley de armonía que trae a los opuestos en unión. Aunque ningún ser puede jamás obstruir o corromper la Ley Cósmica y Divina, podemos sabotear nuestra propia vida al no movernos de acuerdo con estas leyes naturales.

Para poder cooperar necesitamos sabiduría, entendimiento y Conocimiento (Daath) de nosotros mismos, del otro, del mundo, y de cómo la Divinidad juega un papel en este esquema total. Un dilema es generado desde la ignorancia de nosotros mismos, en primera instancia, seguida automáticamente por la ignorancia de los otros, del mundo y, finalmente, de Dios.

La cooperación sólo puede tener éxito si el Conocimiento (Daath) del Ser (Tifareth) está presente en el proceso mientras que la visión de nosotros, del mundo y del cosmos lentamente se extiende más allá de los límites confinados de nuestra perspectiva mundial.

Cualesquiera creaturas o especies que trabajen juntas, incluyendo a las células, requieren autoconocimiento en relación con su entorno para poder hacer conexiones cooperativas y empezar a trabajar hacia la inclusividad y la unión. Éste es claramente el trabajo del Kabbalista y el trabajo de la naturaleza. Podemos concluir de esto que, el Kabbalista, en efecto, trabaja de acuerdo con la naturaleza.

La cooperación prospera en el equilibrio entre la expansión y la contracción. La cooperación no es sinónimo de construir o expansión, pero prospera en el mutuo acuerdo de que una homeostasis es mantenida entre construcción (expansión) y descomposición (contracción).

En el cuarto punto, vemos la apariencia de los principios de la expansión cósmica (Chesed) y la contracción (Gevurah). Estos son los pilares derecho e izquierdo, respectivamente. En muchos ejemplos dentro de la Kabbalah surgen preguntas acerca de esta relación entre Chesed y Gevurah, y los pilares derecho e izquierdo.

Con frecuencia, Gevurah es considerado como "malvado", a diferencia de Chesed siendo "bueno". En el nivel de y en el mundo de los principios metafísicos (Briah), no hay sentido de "correcto e incorrecto". Briah es el mundo de los principios esenciales, explicando cómo las cosas funcionan en el universo; es por esto que son llamados principios metafísicos o creativos.

Utilizar términos como "correcto e incorrecto" es un intento de calificar los principios creativos de expansión y contracción, a veces llamados "construcción y destrucción". Por muy aplicables a la vida moral-humana, estos principios son traducciones que explican las interpretaciones relativas a lo cultural de lo que significan la expansión y la contracción.

Conforme nos hacemos conscientes de los principios de Chesed y Gevurah en la vida humana, comenzamos a ver sus significados relativos acerca de cómo los interpretamos (diagrama E); entonces, vemos a través de los constructos culturales, religiosos, políticos y económicos en el tiempo y en el espacio. La vida natural, como el cuerpo humano, no interpreta estos principios, sino que "los vive". Construimos diferentes perspectivas de los principios creativos (Briáhticos) desde la psique humana; en lo que ellos se convierten es en un conjunto de reglas éticas, dogma religioso, ley, etc. Mientras un equilibrio natural sea inherente y mantenido dentro de nuestras interpretaciones, respetamos el camino natural del universo.

Desafortunadamente éste no siempre es el caso, tal como podemos ver en el ejemplo de cómo vemos a la "economía" desde una perspectiva humana, en comparación con la economía natural. La naturaleza mantiene un equilibrio y reequilibrio constante en su flujo entre expansión y contracción, el cual es fácilmente observado en las cuatro estaciones.

Frecuentemente no escuchamos cómo nuestro propio cuerpo gira de acuerdo con la rueda de la naturaleza, yendo, por lo tanto, en contra de la naturaleza por la acumulación y el consumismo (expansión). Este es sólo un ejemplo, pero mira más allá de nuestro cuerpo físico y observa cómo se desarrolla la "economía".

El mercado de valores "no está bien" si no hay crecimiento (expansión) pero es más bien visto como un declive en las estadísticas (contracción). El enfoque general parece ser que la economía debería crecer con el fin de ser "buena". Sin embargo, sin la compensación de la contracción, el crecimiento descontrolado, por lo tanto, va en contra del orden natural.

Expandiendo hacia la enfermedad
Expandirse es, eventualmente, conquistar, y ello conduce a la enfermedad del organismo y/o la psique.
En el quinto punto, el cual se extiende sobre el cuarto, la autoconsciencia hace que el ser humano se dé cuenta de que la consciencia tribal no nos está llevando más lejos que los niveles vegetal y animal de la naturaleza.

El tribalismo incluye algo de cooperación e inclusión, pero sólo dentro de las fronteras que se ajustan dentro de los límites de la consciencia de tribu del grupo. Esta cooperación no va más allá de nuestro grupo familiar, cultural y/o religioso. Se mantiene un sentido de "nosotros" contra "los otros", quienes también están confinados dentro de las fronteras tribales, viendo frecuentemente las diferencias en contra de su propia identidad.

Además, la cooperación de este tipo está basada en ideologías que imponen esta identidad autogenerada. Entre más nos identifiquemos con un grupo, más nos separamos de otros quienes piensan que están en lo correcto en sus ideas e identidad.

Alrededor de la tríada mayor Hod-Netzach-Malkuth, con Yesod en Yezirah en el centro, encontramos a la naturaleza tribal-vegetal. Las necesidades de cooperación, interacción, socialización y afecto tienen todas ahí su lugar entre la gente.

Sin embargo, la participación personal con la vida externa (sociedad) está basada sobre lo que es aceptado y lo que no (recompensa y castigo). Incluso dentro de las comunidades tribales encontramos diferentes subculturas, pero éstas están siempre limitadas por lo que ellas consideran como su verdad tribal, o lo que ellos ven en el espejo psicológico de Yesod.

Nuestro ego construye la "verdad" desde lo que éste ha aprendido y copia el comportamiento desde las profundas influencias colectivas, psicológicas y biológicas. A estas alturas de nuestra consciencia tribal y del ego viviendo dentro de ella, la cooperación es una posibilidad.

Más allá del horizonte de esta consciencia yace el "enemigo" de los otros (no creyentes), quienes no pueden cooperar ante los ojos de la tribu. Por supuesto, todas las tribus dicen lo mismo, ya que basan su denominada verdad sobre una experiencia subjetiva, relativa y transitoria (diagramas G y J).

Observando el Árbol de la Vida y, específicamente, la Escalera de Jacob, vemos inmediatamente que sólo una parte de la totalidad (como una quinta parte) es conocida en la tríada vegetal. El Árbol natural o mundo de Assiah es visto aquí con tal vez algo de contacto con el Ser en el Tifareth de Yezirah y, por lo tanto, con estados previos al despertar en la tríada animal.

La dependencia de la comunidad, la sociedad y la ética es muy fuerte, dejando a muchos egos atados a la vasija grupal, con una cooperación limitada con los miembros de su propio grupo.

Las historias míticas que son conocidas por todo el mundo en muchas épocas y lugares distintos están mostrándonos las interacciones entre los diferentes arquetipos, representando una obra de teatro cósmica, la cual podemos reconocer dentro del mundo de la psique. Como fue dicho: "Las guerras en el cielo son las guerras en nuestra alma".

¿Qué se necesita para que tanto un humano individual como cada célula en nuestro cuerpo coopere dentro del todo? Necesitamos cambiar de nivel, primeramente, desde una perspectiva tribal-personal hacia una perspectiva centrada en el mundo (Tifareth), y después, más allá, hacia el mundo cósmico transpersonal de Briah.

El mundo creativo y metafísico de Briah se trata de la inclusión, la cual conduce naturalmente hacia la cooperación. La Ley Cósmica refleja el orden natural y, a pesar de que aún hay polaridad y dualidad en juego, las fuerzas que trabajan aquí (arcángeles) dirigen y orquestan todas las cosas hacia una cooperación armoniosa.

Una vez conectados a las formas (pilar izquierdo) y a las fuerzas (pilar derecho) de Briah, nos alineamos con los arquetipos que representan este dominio creativo. A través de abrirnos camino hacia "arriba" en el mundo de la creatividad, encontramos conscientemente los diferentes arquetipos, quienes son los centinelas y los mensajeros de las diferentes cualidades espirituales tanto en el macrocosmos como en el microcosmos.

Cuando reconocemos los arquetipos como partes psicoespirituales de nosotros mismos y no sólo como seres externos de fantasía mítica, comenzamos el proceso de integración, inclusión y cooperación.

Los mitos del mundo clásico no fueron escritos por las mentes primitivas, pero fueron, y aún son, escenarios cósmicos, describiendo los principios inherentes en el universo en lo general y, específicamente, en la vida humana.

Alegóricamente, la lucha entre arcángeles y demonios es una batalla profunda e inconsciente dentro de la mente humana. Una liberación de tensión, frustración, enojo, y otras emociones se encuentra en la base de estas batallas míticas, pues es exactamente a estas emociones que los arquetipos correspondientes representan (diagrama F).

Formas de conquistar
Sin embargo, conquistar en la naturaleza se puede hacer de dos formas:
- Por poder y por uso de la manipulación. Por ejemplo: derrocar líderes, forzando la sumisión y la esclavitud de otros, y
- Por amor y por compasión. Por ejemplo: integrando, compartiendo e incluyendo.

El punto seis se refiere al impulso innato en la naturaleza de dominar por la fuerza, o por la ley de la jungla. En los animales, el territorio es tan importante como una casa o un refugio lo es para el ser humano. Provee de protección y seguridad, facilitando las condiciones correctas para que las especies puedan ser contenidas y florezcan. La naturaleza humana-animal no es la excepción a este comportamiento, luchando y compitiendo para tener su pedazo de tierra en algún lugar.

En los tiempos en que la supervivencia es necesitada, existe conflicto y la necesidad de obtener estas condiciones, pero, incluso dentro de las sociedades establecidas hoy en día (y en el pasado), competimos sin fin más allá de nuestras necesidades para tener lo que otros poseen. Esta es la supervivencia del más apto: una ley de colmillo y garra.

La conquista y la dominación son la expresión natural de los instintos animales que todos poseemos.

La diferencia con el mundo natural externo, donde la expansión se detiene y cesa cuando hay suficiente para proveer la seguridad y la comida, se da cuando nuestro humano-animal se mueve más allá de las necesidades hacia lo que éste "quiere".

Afortunadamente, la dominación ocurre no sólo a través de conquistar por la fuerza, sino también a través del amor y la compasión. Aquí, el libre albedrío es siempre dado en primer lugar a nuestras creaturas compañeras. Al dar amor, cuidados, compasión y armonía, proveemos al otro con las condiciones para elegir.

Ejercicio

Toma un momento para sentarte quieto, con los ojos abiertos o cerrados. Observa y sé consciente de lo que te sucede, sentado, quieto, mientras no te mueves físicamente.

Ahora, toma tu atención psicológica lejos de tu vida externa, atrayendo hacia adentro pensamientos y sentimientos. Estos pensamientos los reconoces como memorias (pasado) y aquellos que involucran al futuro.

De una manera sutil, trata de estar quieto en ti mismo. No le pongas atención a tus alrededores. Notarás que hay impulsos que vienen del cuerpo y de la psique que tienen una tendencia a sacarte de la quietud. Una naturaleza animal-humana inquieta te distrae y te invita a moverte, a activarte y a ponerte en marcha.

Trata de mantenerte en tu posición de quietud, y no te enojes o alteres contigo mismo. Simplemente guía al animal interno como si fuera tu mascota, la cual necesita algo de disciplina y amor.

Capítulo 12: Programados para la vida

Somos programados psicológica y biológicamente desde el nacimiento para aprender del mundo como si nos encontráramos en un estado hipnótico.

Los cerebros de los niños funcionan bajo la influencia de un estado de ondas cerebrales theta hasta la edad de los ocho años. Éste estado de consciencia es similar a la hipnosis, a la mente imaginativa y al poder de la sugestión.
Esas ondas cerebrales theta son extremadamente sensibles y receptivas a los impulsos que vienen del mundo externo.

El niño absorbe e incorpora la información que es aprendida desde y enseñada por el mundo externo. De hecho, el niño aprende a convertirse en lo que a él/ella se le ha dado desde afuera hacia adentro.

Esta forma de aprendizaje es principalmente inconsciente, sirviendo a nuestro mundo humano al seguir los programas que nuestros padres nos enseñaron. Casi similar a descargar una pieza de software, el niño es instruido a través de los sentidos (las herramientas del cuerpo físico) para copiar los programas de los padres. Hay muy poca consciencia involucrada en este proceso, y la naturaleza no espera tampoco que éste sea consciente.

Vivir el programa es lo mismo que vivir en un ciclo de comportamiento que no pide un involucramiento consciente. La consciencia es la parte creativa de nosotros mismos. Si eso despierta dentro de nosotros, empezamos a hacernos conscientes de la programación. Antes de esto, ni siquiera sabemos que estamos viviendo un programa.

Salir de un programa así es hacernos conscientes de dónde encontramos obstrucciones en nuestra vida. Esto nos enseña que estamos luchando y que no podemos movernos más lejos. Frecuentemente, éstos no son signos que nos enseñan que deberíamos de dejar de movernos en una dirección particular.
Más bien, esto significa lo opuesto, que encontramos una dimensión de nuestra vida que no hemos conocido antes y, por lo tanto, una parte de nuestra vida que no coincide con nuestro programa. Se dice en muchas tradiciones de sabiduría: "En donde luchas tú es donde se encuentra tu crecimiento".

Cuando te encuentras en un camino llano sin problemas o retos, inevitablemente continuarás en el sendero programado generado por tu crianza. Para traer tu vida desde la programación inconsciente profunda hacia los niveles subconscientes donde un nuevo aprendizaje es posible, es útil utilizar la sugestión y la repetición.

El aprendizaje sugestivo es una forma de darle simbólicamente a tu subconsciente un aporte de información (input, en inglés) diferente. Estos símbolos deberían ser elegidos conscientemente y relacionados con el nuevo patrón psicológico que quisiéramos integrar.
A través de la repetición, el subconsciente comienza a integrar gradualmente estos símbolos y los acepta como una nueva parte de la estructura interna de la psique humana. El Kabbalista utiliza las sugestiones del Árbol de la Vida y los símbolos correspondientes dentro de él.

Con el fin de aprender espiritualmente, necesitamos elevarnos por encima de nuestros propios condicionamientos o programas. El Kabbalista debería elevarse por lo menos hacia el nivel humano-animal, en donde hay una experiencia previa al despertar. Este modo de consciencia no tiene creatividad aún y puede, como un animal, aprender por repetición y sugestión.

Aunque desde el nivel humano-animal somos capaces de mover nuestra vida fuera de nuestro programa personal, no escapamos completamente a los condicionamientos y dependencia emocional que están presentes en el programa.

Para reescribir nuestro programa necesitamos hacernos "como niños pequeños", tal como lo dijo Jesucristo cuando le dijo a su gente qué deberían de hacer para entrar en el Reino de los Cielos.

Tenemos que empezar a vivir de nuevo una vida de asombro y regresar a ese estado inocente donde estamos completamente abiertos a las sugestiones. Hacer un nuevo programa significa que estamos viviendo ese nuevo programa.

El Reino de los Cielos es el Tifareth de Yezirah en el Malkuth de Briah. Nuestros pensamientos, sentimientos y acciones deberían estar alineados y de acuerdo con la nueva vida y programa que hemos generado.

Estas son las tríadas psicológicas en la faz inferior del Árbol de Yezirah. El ego es el punto focal donde, antes que nada, el aprendizaje antiguo ha tomado raíz, y donde hacemos cambios en nuestra programación personal.

Aunque el cuerpo físico (la faz inferior de Assiah) seguirá el nuevo programa cuando todas las partes psicológicas estén trabajando como una, es muy útil si instruimos a nuestro cuerpo físico así como al comportamiento también.

Por ejemplo, cuando reescribimos nuestra programación psicológica y biológica para deshacernos de pensamientos destructivos, deberíamos dejar de autosabotearnos y golpearnos a nosotros mismos o llamarnos a nosotros mismos con nombres despectivos.

Escapar de la programación se hace al trabajar a través de los ciclos de nuestra propia psique. La incorporación de un nuevo programa lleva a cambios en el comportamiento y, frecuentemente, a cambios en la consciencia. Sin embargo, no lleva necesariamente a una transformación de la consciencia, donde los antiguos patrones son completamente desarmados y armados otra vez en una forma nueva.

En otras palabras, podemos aprender o desaprender mediante el poder de la psique y de la mente inconsciente sugestiva. Esto puede transformar nuestro ser por medio del dominio psicológico superior (Yezirah) a través del uso del mundo arquetípico de Briah y la consciencia del ser en el Tifareth de Yezirah.

Aquellos de nosotros que estamos en contacto con el Espíritu Santo somos aquellos quienes podemos hacer cambios a voluntad. Estos son siempre cambios que han trascendido las necesidades de la personalidad. Si no alteramos nuestros condicionamientos y rutinas de ninguna manera, entregamos nuestro libre albedrío a la voluntad del programa.

Llevar una vida así es vivir la vida de alguien más. Seguir tal camino es seguir el camino de alguien más.

La Kabbalah es el trabajo de la unidad y significa, no sólo elevar la consciencia humana a un nivel trascendente, sino integrar todos los niveles en una sola consciencia. La Kabbalah es un camino místico inclusivo donde la vida es una parte integral del trabajo interno. Las rutinas o los programas no están mal, simplemente no podemos vivir sin ellos, ya que mueven inconscientemente muchos procesos vitales de nuestro ser físico y psicológico.

Dentro de este trabajo de unificación, el Kabbalista regula su vida a lo largo de las líneas de rutinas que él mismo genera y que contienen expresiones simbólicas y místicas de su propia vida. Por lo tanto, muchas rutinas no necesitan desaparecer o cambiar, ya que pueden ser reinterpretadas desde un nivel más profundo de experiencia.

El Kabbalista puede transformar una simple cena en un acto sagrado, o caminar por la calle contemplando la Presencia de Dios en todos a quienes él o ella se encuentra. No hay oportunidad que no pueda ser convertida en un ejercicio Kabbalístico.

De nuevo, esto no significa que tengamos que cambiar toda nuestra personalidad, sino guiar nuestro pensamiento, sentimientos y lo que hacemos hacia experiencias místicas.

Esto se conecta al paradigma biológico, afirmando que cambiamos nuestra biología hasta el mismo núcleo y el ADN de la célula al hacer cambios en consciencia.

Los programas y rutinas personales que nos hacen estar ansiosos, tener miedo, estar tristes o enojados, o que inicien cualquier otra experiencia negativa, pueden ser cambiados e, incluso, transformados.

Es bueno recordar que nuestro ser o ego personal del día a día no puede iniciar estos cambios, pero que funciona como un perfecto espejo, reflejando lo que ya existe dentro de nuestro propio programa psicológico. Sólo la consciencia desde el ser psicológico, o Tifareth, es capaz de ser creativo, creándonos a nosotros mismos de nuevo en una imagen que elegimos libre y conscientemente.

PARTE 2: Introducción: Física Cuántica

¿Qué es la Física Cuántica?
No hay una única definición de esta disciplina científica, aunque la mayoría de los científicos están de acuerdo acerca de una cosa: es una ciencia rara que casi no puede ser entendida por el intelecto. Fue dicho por Niels Bohr:
"Si piensas que has entendido la física cuántica, no la has entendido".

La física cuántica se desarrolló a lo largo de varias décadas, y fue formulada como un conjunto de explicaciones o experimentos matemáticos controversiales que la física clásica no podía explicar. Estas ecuaciones eran llamadas, en ocasiones, especulativas, ya que éstas medían probabilidades en lugar de resultados objetivos.

Inició a principios del siglo veinte, alrededor del mismo tiempo en el que Albert Einstein publicó su teoría de la relatividad, una revolución matemática original en la física que describe el movimiento de las cosas a altas velocidades. A diferencia de la relatividad, sin embargo, los orígenes de la física cuántica no se pueden atribuir a un solo científico. Más bien, múltiples científicos contribuyeron a un fundamento de estos principios.

Por ejemplo, considera el descubrimiento y el comportamiento de las partículas de luz. La luz puede aparecer tanto como ondas como partículas. Este descubrimiento significó que algo (como un fotón o una partícula de luz) podría tener diferentes propiedades y, por lo tanto, aparecer en más de una forma, y que la materia se puede comportar como una onda (energía) y como una partícula (sólido), dependiendo del efecto observador de quién estaba mirando. Éste es, tal vez, el mayor misterio de todos.

La ciencia cuántica está explorando el mundo micro o subatómico de posibilidades infinitas, del espacio ilimitado y de la información. La paradoja que encontramos en este mundo subatómico explica cómo un universo totalmente nuevo puede existir en diminutos y pequeños espacios con energía e inteligencia más allá de lo que podemos imaginar.

La consciencia es un componente principal en la teoría cuántica, ya que es desde la consciencia que la materia se convierte en algo. La forma en la que la consciencia observa el mundo es la forma en la que la materia (partículas subatómicas) responde. La consciencia causa y da forma al mundo material (diagrama M).

La Kabbalah entiende que todo está interactivamente conectado, lo cual es explicado a través de la cosmología y del Árbol de la Vida. Además, enseña que la creación existe porque todo es energía y resonancia. Esta energía se expresa a sí misma a través de diez diferentes vibraciones o emanaciones que nosotros reconocemos en el Árbol de la Vida como los diez Sefirot. Conectar con estas vibraciones es conectar con la energía creativa que le da forma al universo.

En el sendero de la Kabbalah buscamos conocer la mente de Dios, la cual se revela a sí misma en estas diez vibraciones. Esta mente es como una matriz de toda la materia, ya que toda la materia se origina y existe sólo a causa de la energía y de la inteligencia que es inherente a ella (diagrama N).

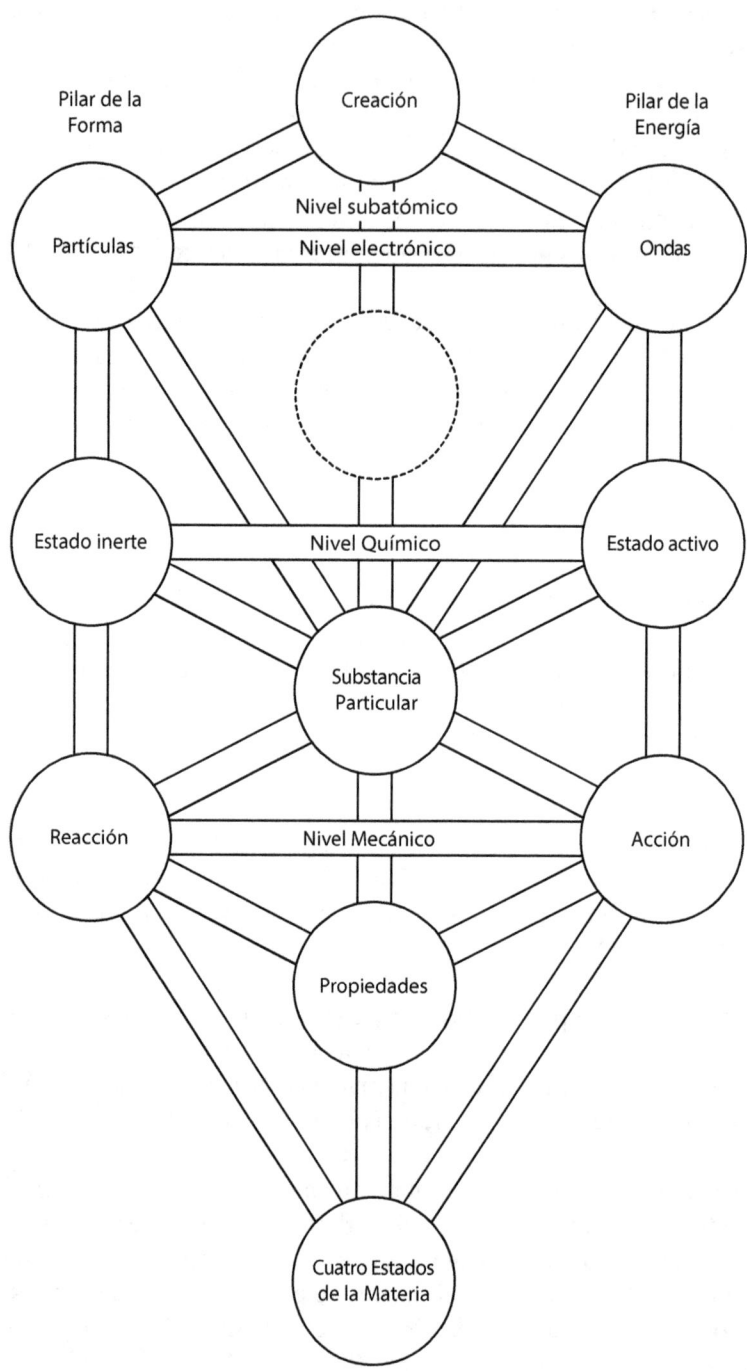

Diagrama M

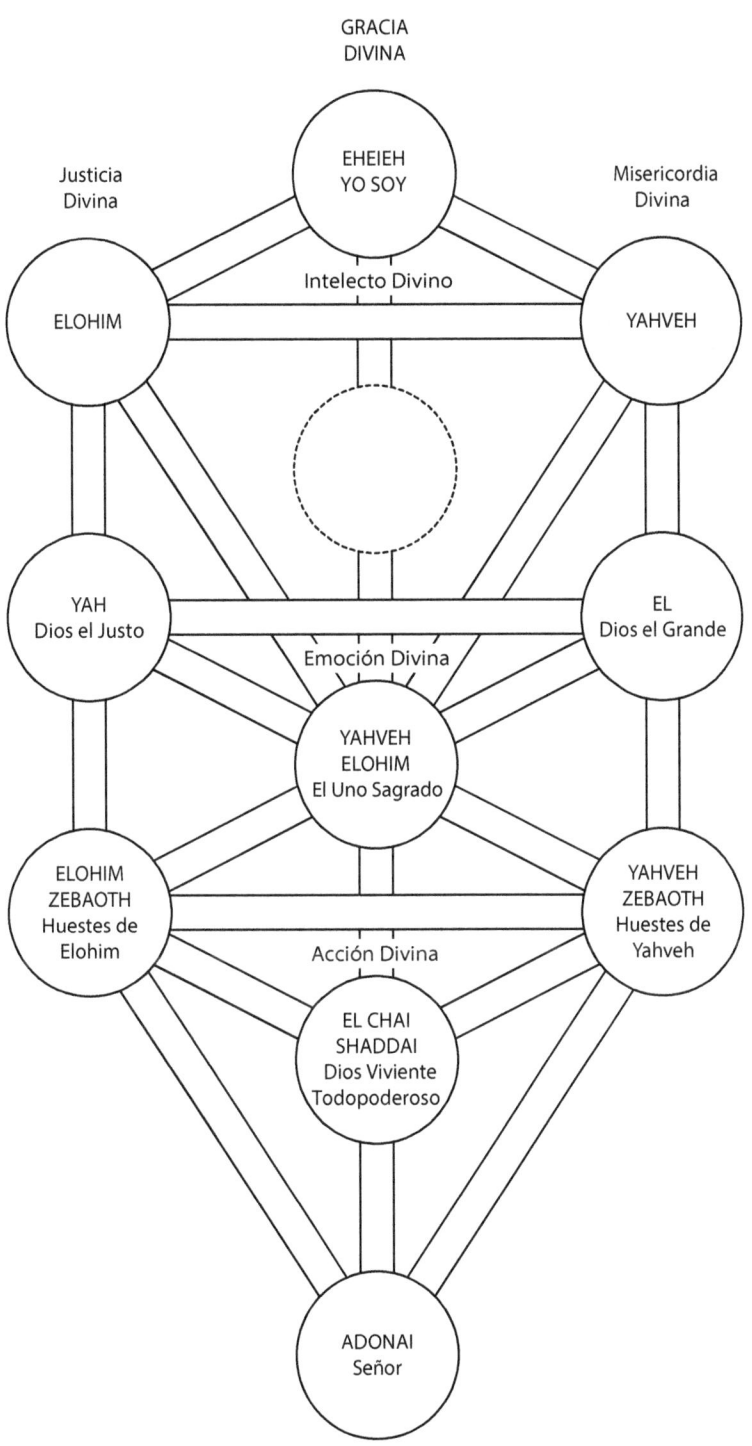

Diagrama N

Capítulo 13: La habilidad causal de la consciencia dentro del alma

Místicamente, aquí hablamos acerca de "la consciencia que es consciente de ser consciente o la consciencia de la consciencia misma, desde la cual viene la experiencia mística de que el Universo (en lo grande y en lo pequeño) es un Ser autoconsciente".

Aziluth, o la consciencia Divina, es el potencial para ser. Es "consciencia desnuda", completamente entera e indivisa (individual). El alma es un reflejo de esta consciencia en la psique, en la existencia reflejada y relativa. El alma, como el testigo u observador silencioso desde el "Asiento de Salomón", sabe a través de la pura "existencia" o sólo por "ser".

La consciencia es la experiencia del alma, trayendo la consciencia humana hacia el reino de ese mundo de potencial y probabilidades desde el cual el libre albedrío del alma puede elegir. El alma ha sido descrita de muchas diferentes maneras en tradiciones esotéricas, mediando entre mente y materia, y entre los mundos superiores e inferiores.

Éstas son las faces superior e inferior en el Árbol de la Vida, respectivamente. La autoobservación del alma conduce a la comprensión o, por lo menos, a la pregunta fundamental: ¿Quién está observando? ¡Dios mira a través de los ojos del alma hacia el universo, quien mira de regreso a Quien-Está-Mirando!

¿Quién o qué está mirando a través de mis ojos, escuchando a través de mis oídos y actuando a través de estas manos? La respuesta puede llegar a través de diferentes niveles de experiencia, dependiendo de quién está respondiendo.

En el pilar del medio, los Sefirot nos dicen acerca de quién está respondiendo, y desde qué mundo. Desde el nivel del alma, la dimensión transpersonal se abre, y el velo del primer cielo (Malkuth de Briah) se separa. Aunque consciente del Árbol de Assiah, la consciencia de quién está mirando cambia hacia la perspectiva de que eso no es "yo" (persona o ego de Yesod) quien está observando. Uno descubre que la consciencia humana es verdaderamente la consciencia de lo Divino, mirando hacia el mundo.

Todos los sentidos, pensamientos y sentimientos son portales potenciales de consciencia para que el Divino se observe a sí mismo. Esto nos trae a la física de las posibilidades, trayendo el paradigma hacia nuestra consciencia de que, esta consciencia, como una conjunción, abre el velo que presenta nuestra separatividad. La puerta hacia el alma abre, literalmente, un mundo de posibilidades infinitas en la libre elección (diagrama I).

Meditación / ejercicio

Puedes hacer esta meditación sentado o acostado, pero igualmente puedes hacerla una meditación caminando. Cualquier forma que elijas, quédate con tus sentidos abiertos al mundo alrededor de ti.

Sé consciente de lo que estás viendo, escuchando, sintiendo, oliendo y saboreando. Los pensamientos y sentimientos son todos bienvenidos.
Deja que surjan conforme llegan, y deja que se vayan conforme desaparecen. Cualquier impresión y experiencia desde el interior o el exterior es bienvenido.

Ahora, hazte la pregunta: "¿Quién está consciente de todas estas impresiones?" o "¿Quién es el que observa todos estos fenómenos ir y venir?"

Hay una presencia dentro de ti que observa estos procesos como un espectador en un teatro. Quédate quieto y permite que esa consciencia surja dentro de ti.

Sé consciente ahora de que esta consciencia es el Divino mirando a través de tus ojos hacia su propia creación.

Libre Albedrío

La libre elección o libre albedrío es donde la potencialidad y la posibilidad se convierten en actualidad a través de la autoconsciencia. El libre albedrío es, por lo tanto, el agente de la manifestación Divina, pues de esta experiencia surge la pregunta: "¿Quién está eligiendo?" Si la respuesta a la pregunta es: "Yo soy", viniendo desde la experiencia interna del testigo silencioso, hay una presencia que da testimonio de la existencia del mundo. Como tal, nos convertimos en los "ojos, oídos y manos de Dios".

Este "efecto observador" causa que ondas de posibilidad colapsen hacia una realidad de partícula en el nivel subatómico, manifestando consciencia en una forma concreta y sólida. A través de este proceso de "onda convirtiéndose en partícula", el sujeto crea y genera un objeto.

En Kabbalah, hablamos del primer día de la creación o la luz en el Kether de Briah, donde aún no hay tiempo-espacio tal como lo conocemos. Fuera de la quietud viene el movimiento (tiempo) en el Chocmah de Briah, la energía Cósmica seguida por el espacio, el Binah de Briah. Este es el nivel del segundo día de la creación.

La cosmología Kabbalística explica el colapso de onda a partícula a través de la energía de Chocmah, tomando figura y forma en la partícula de Binah. Todo esto sucede bajo la observación de la consciencia de Kether, la Luz observadora.

La consciencia humana y el objeto creado entonces toman distancia, separándose, y nace la experiencia de la dualidad. Sólo cuando el observador se mantiene consciente de "quien está mirando", podrán el sujeto y el objeto mantenerse como un todo indivisible, sin conducir a la creación a un universo interno dualístico (diagrama O).

Los objetos externos pueden ser creados a través del colapso de onda (Chocmah) hacia una forma de partícula (Binah), procedentes del observador-sujeto pero, aún así, el objeto creado nunca está separado del sujeto.

Este es el proceso exacto que la Kabbalah describe en su cosmología acerca de cómo el Sagrado Uno hace surgir los mundos hacia la manifestación y cómo ellos son creados, formados y hechos por un acto de voluntad (Kav). Los mundos que emanan desde Aziluth (Kether de Yezirah, Tifareth de Briah y Malkuth de Aziluth) son un reflejo del mundo original de Aziluth, donde todo está sostenido en la consciencia indivisa del Divino.

Incluso si nuestro ser vive desde los mundos de la creación, de la formación y de la acción, el mundo de Aziluth siempre está ahí como el potencial desde el cual el mundo manifiesto (tiempo-espacio-movimiento) surge, de momento a momento (desde la Eternidad hacia la Eternidad). Es desde este lugar en la Escalera de Jacob donde el Yahveh o Metatrón inferior reside; desde la cabeza de Dios o el Eterno, ese tiempo-onda y espacio-partícula fluyen hacia adelante en movimiento (diagrama A).

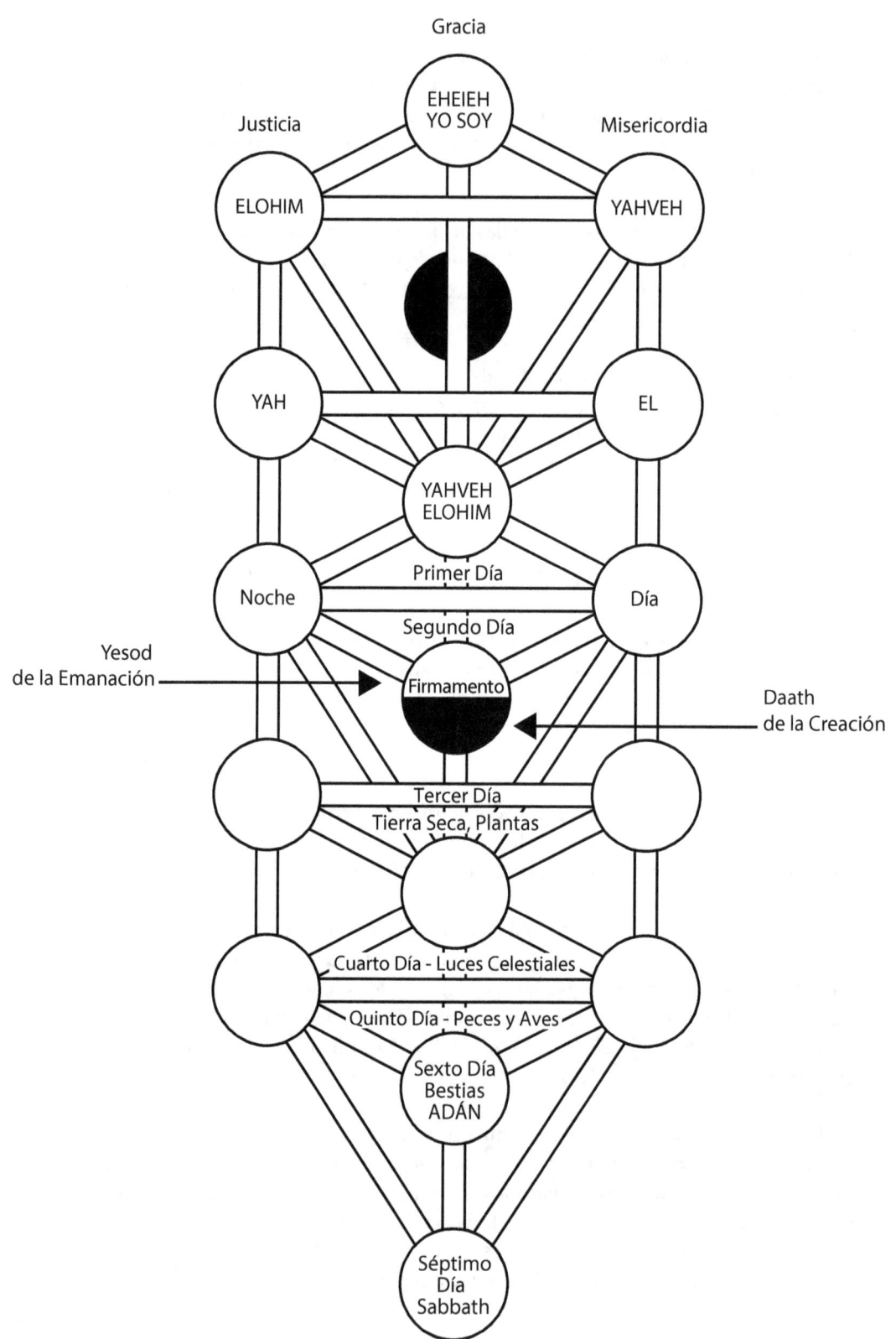

Diagrama O

La experiencia como seres encarnados dentro del movimiento del tiempo-espacio es inevitable y nos permite identificarnos con el mundo de la onda-partícula como "moviéndose y concreto". Puede ser visto como moviéndose debido al efecto de onda en el mundo manifiesto, y concreto debido al efecto de la partícula. El mundo entero físico-elemental consiste de movimiento y concreción, como podemos llegar a saberlo tan vívidamente en Assiah.

Nuestro propio cuerpo físico y sus percepciones sensoriales, junto con la psique inferior (parte superior de Yezirah), nos invitan a observarnos a nosotros mismos y al mundo a nuestro alrededor como dualístico y separado.

En otras palabras, somos hechizados, por decirlo así, por el mundo de los fenómenos, el cual es, verdaderamente, no sólo un objeto, sino una creación viva de la consciencia Divina que mira a través de los ojos del alma.

Tan difícil como pudiera parecer entenderlo, somos verdaderamente un cocreador dentro de este potencial cósmico, con el mundo de los fenómenos vivientes a nuestro alrededor, y un cuerpo que consiste de esos mismos componentes.

La ironía detrás de esto es que, sólo desde esa perspectiva del testigo silencioso, donde yace el libre albedrío, podemos participar en este acto creativo. La consciencia es la base del ser (Aziluth) y, por lo tanto, es un mar de potencial, desde el cual todo surge y regresa.

Entre más nos identifiquemos con la consciencia en el corazón de la existencia (Tifareth), más nos hacemos conscientes de este origen, más que simplemente ser criaturas sonámbulas. Esto cambia nuestro sentido y experiencia del espacio-tiempo desde una forma lineal y limitada del tiempo-espacio hacia un sentido eterno de estar dentro del espacio-tiempo.

En otras palabras, el Eterno es Aziluth, y los mundos debajo son los mundos evolutivos del espacio-tiempo (todos los tres mundos con su propia experiencia distinta del espacio-tiempo).

Se dice en la física cuántica que la consciencia pura o la eternidad no tienen señal porque no tienen nada que ver con el tiempo-espacio. Sin embargo, éste es el "trasfondo", por decirlo así, desde el cual el tiempo-espacio-movimiento se deriva y se desarrolla. Mientras tanto, la eternidad es libre del tiempo-espacio-movimiento, comunicándose sin señal y sin destino/localidad designada.

La eternidad es la eternidad. Es todas las cosas simultáneamente. Esto sugiere que la comunicación desde el dominio del sin tiempo-espacio del testigo-observador silencioso es eterno y, por lo tanto, no local/omnipresente (diagrama N).

Meditación

Siéntate y relájate. Hazte consciente de tu respiración y lleva tu atención hacia ti mismo. Tráete a ti mismo hacia el mismo centro de tu ser, donde reposas sobre un único punto de luz.

Imagina que traes hacia ti todo lo que eres y aquello en lo que te has convertido hacia este punto de luz. Permite que el pasado y el futuro desaparezcan en el lugar de paz y quietud donde te encuentras.

Cuando alcanzas esta consciencia llegas al conocimiento de ser el Eterno y a existir en el dominio no local, donde el tiempo y el espacio aún no se han desarrollado, pero permanecen en el potencial de la eternidad.

Dentro de ti vive el Espíritu de la eternidad, mientras que el tiempo, el espacio y el movimiento yacen dentro, esperando a desplegarse fuera de ti.

Con la siguiente respiración, deja que el tiempo-espacio y movimiento fluyan hacia afuera desde tu ser.

Estate en paz con cómo la eternidad se ha expresado a sí misma dentro del movimiento del universo y de tu respiración.

Capítulo 14: Física cuántica y creación

Es así entonces que esta metafísica Cuántico-Kabbalística explica algo acerca de Dios e incluso más acerca del universo y del ser humano.

Potencialmente, como un ser humano (Adam Kadmon), estamos completos, ya que nada podría agregarse a nosotros. Sin embargo, los seres humanos están fervientemente buscando las cosas de las cuales carecen o que no poseen.
Esta situación es causada por la manifestación final de la consciencia dentro de la materia, la cual ha causado el encantamiento (ilusión) del ser humano identificándose a sí mismo con la materia y con la propia identidad psicológica (Yesod de Yezirah).

A través de esta identidad con la materia, diferentes verbos expresando la relación entre la identidad y la materia llegaron a existir. Estos verbos son "tener" y "desear", lo cual, en algunos casos, resulta en el problema humano: "Deseo lo que no tengo". Esto, a su vez, nos lleva a una búsqueda sin fin de lo inalcanzable ya que el "hambre" por lo que no tenemos en nuestra posesión, nunca es satisfecha.

Imagina un salón de clases lleno de niños, y el maestro dice que el día de hoy el Sagrado Uno vendrá de visita, y que cada niño puede pedir algo. Todos ellos tienen deseos individuales por aquellas cosas que no tienen. Uno desea una nueva bicicleta, otros una provisión infinita de dulces, una recámara más grande, padres nuevos, etc. El maestro está sorprendido y dice: "Niños y niñas, no puedo creer que estén pidiendo todas estas cosas superficiales. ¿Por qué no piden inteligencia? Eso es lo que yo desearía". Un niño se levanta y responde: "Bueno… es que… ¡todos deseamos algo que no tenemos!"

La creatividad cuántica es la participación en el proceso de la creación desde el nivel cuántico de consciencia presente en el corazón del ser humano, el alma.
La consciencia psicológica inferior, correspondiente a la faz inferior del Árbol de Yezirah, no es generada, creada y formada para crear, sino para generar y regenerar.

Si la psique estuviera en un estado perpetuo de creación, el ser humano generaría nuevas ideas sin ninguna consideración o discernimiento consciente.
Mirando el estado actual de nuestro desarrollo humano, eso nos llevaría a un gran caos. La faz inferior está ocupada con la generación y regeneración de condicionamientos viejos, mientras que la faz superior es el lugar de la verdadera creatividad (no lo que algunos piensan que es la creatividad).

La metafísica de este tipo me lleva a otra historia. En esta edad de tremendo progreso y desarrollo científico, las mentes más brillantes e inteligentes del mundo científico se reunieron para conversar acerca del actual estado de las cosas. Como ellos podrían hacer una oveja, una vaca e incluso a un embrión humano en tubos de ensayo en un laboratorio, deciden organizar una reunión con Dios, para decirle a Él que ya no es necesitado.

La fecha y la hora son establecidos, y están en frente del gran Creador, aconsejándole, de una manera respetuosa, que Él está destituido de futuros deberes en el universo. Dios les dice: "Bueno, está bien, veo su punto, pero… ¿Qué les hace pensar que me pueden reemplazar?" Los científicos le responden que ellos pueden hacer vida en su laboratorio, y ofrecen hacer un humano a partir del barro de la tierra. Ellos quieren iniciar inmediatamente, pero Dios los detiene y les dice:
"No, no… ¡Primero hagan el barro!"

Hay cuatro condiciones que la física cuántica sugiere que son los ingredientes para la creación:
- Causalidad descendente
- No localidad
- Discontinuidad
- Jerarquía entrelazada

Todas estas cuatro condiciones deben estar involucradas en el proceso creativo, ya que, de otra manera, el acto creativo no podría ser logrado. La consciencia de elección en el mundo de Assiah es simplemente demasiado insuficiente y limitado, causando, por lo tanto, un colapso fuera del reino de la consciencia y de las posibilidades infinitas. Dentro de las ideas de la psicología y la ciencia modernas, la "mente" y el cerebro son frecuentemente sinónimos el uno del otro. Nada podría estar más alejado de la verdad.

Además, la mente no es meramente un epifenómeno del cerebro. El intelecto que vemos en el Árbol y en la Escalera de Jacob está situado en la faz superior de Yezirah/faz inferior de Briah. El intelecto está más localizado dentro del dominio transpersonal y universal, en donde encontramos los conceptos culturales y las memorias ancestrales de la humanidad.

El cerebro está localizado en el Malkuth de Yezirah, y no crea a la mente, sino que, lo que hace, es generar pensamientos, y estos pensamientos están entrelazados con el cerebro (diagrama B y G).

Lo que el entrelazamiento significa en este ejemplo es que no puede haber pensamientos sin el cerebro, pero, correspondientemente, no puede haber cerebro sin pensamientos. La consciencia los sostiene a ambos dentro de su abrazo, ya que tanto el cerebro como el pensamiento son interdependientes, se conectan y colapsan simultáneamente. Cuando el cerebro se convierte en pensamiento, el pensamiento se convierte en cerebro.

La potencialidad y la actualidad están intrínsecamente entrelazadas en el dominio de la no localidad. Es sólo en el dominio de la relatividad (tiempo-espacio-movimiento) que podemos distinguir entre el sujeto y el objeto como ambos siendo alguien, mientras que, simultáneamente, contemplan al mundo separado como un objeto.

Podríamos decir que "potencial" y "actual" son los opuestos el uno del otro cuando colapsan, pero, de hecho, ellos nunca están separados; así mismo, el inconsciente y la consciencia son opuestos el uno del otro.

Capítulo 15: Supramental y arquetípico

En algunas fuentes esotéricas y cuántico-científicas, la palabra supramental es usada para describir estar por encima de o en una octava superior a la mental. Lo mental, como ya hemos visto, se relaciona con el Yezirah inferior y con el dominio personal de la psique, con el Yesod de Yezirah en su centro (el ego y la personalidad). La faz inferior del mundo Yezirático contiene tres niveles dentro del estado mental: mineral, vegetal y animal (diagrama G).

Estos estados mentales inferiores corresponden a los tres chakras inferiores, Muladhara, Swadisthana y Manipura, reflejando exactamente los estados de consciencia mineral, vegetal y animal, respectivamente.

El nivel supramental puede ser encontrado en el Árbol de la psique, en la faz superior, entrelazándose con la faz inferior de Briah y, por lo tanto, con el inconsciente colectivo. Conocemos esto como el reino de los arquetipos, el cual fue tratado en el capítulo once. Estos estados supramentales corresponden a los tres chakras superiores y a los tres cielos superiores en la escalera de Jacob (diagrama P).

Entre estas dos faces o jardines en el Árbol encontramos el lugar crucial de Tifareth y del alma. Éste es el lugar de la autoconsciencia y del libre albedrío. Nuestro Tifareth resuena con el chakra Anahata, el lugar de la transformación y la creatividad desde los estados mentales inferiores hacia los estados supramentales superiores. En otras palabras, desde los estados generativos a los estados creativos.

Puede observarse en el diagrama Q que los estados supramentales son llamados "Cielos" en la metafísica, y son estados o etapas de consciencia transpersonal. Estos tres estados superiores o cielos son estados sublimados de los tres chakras inferiores o estados naturales.

Es importante entender que los así llamados niveles inferiores son reflejos de los niveles superiores, esenciales para poder ser capaces de funcionar en el mundo natural.

En otras palabras, el contenido arquetípico que nos llega a través del inconsciente colectivo tiene habilidades transformativas, trayendo sabiduría metafísica que experimentamos como moralidades, emociones y valores espirituales.

Desde este reino superior de Yezirah llega un entendimiento más intenso y profundo de nuestra nobleza y vitalidad innatas, lo cual es muy distinto de nuestra vida diaria normal. La razón para ello es que, dentro de la tríada del Espíritu en el Árbol, encontramos al Espíritu Santo (Ruach Ha-Kadosh), inspirando y vitalizando a todos quienes se le acerquen.

En esta faz superior en el Árbol de la Vida también podemos entrar en contacto con la creatividad fundamental, una creatividad universal que resuena con el proceso de cómo la creación llegó a ser.

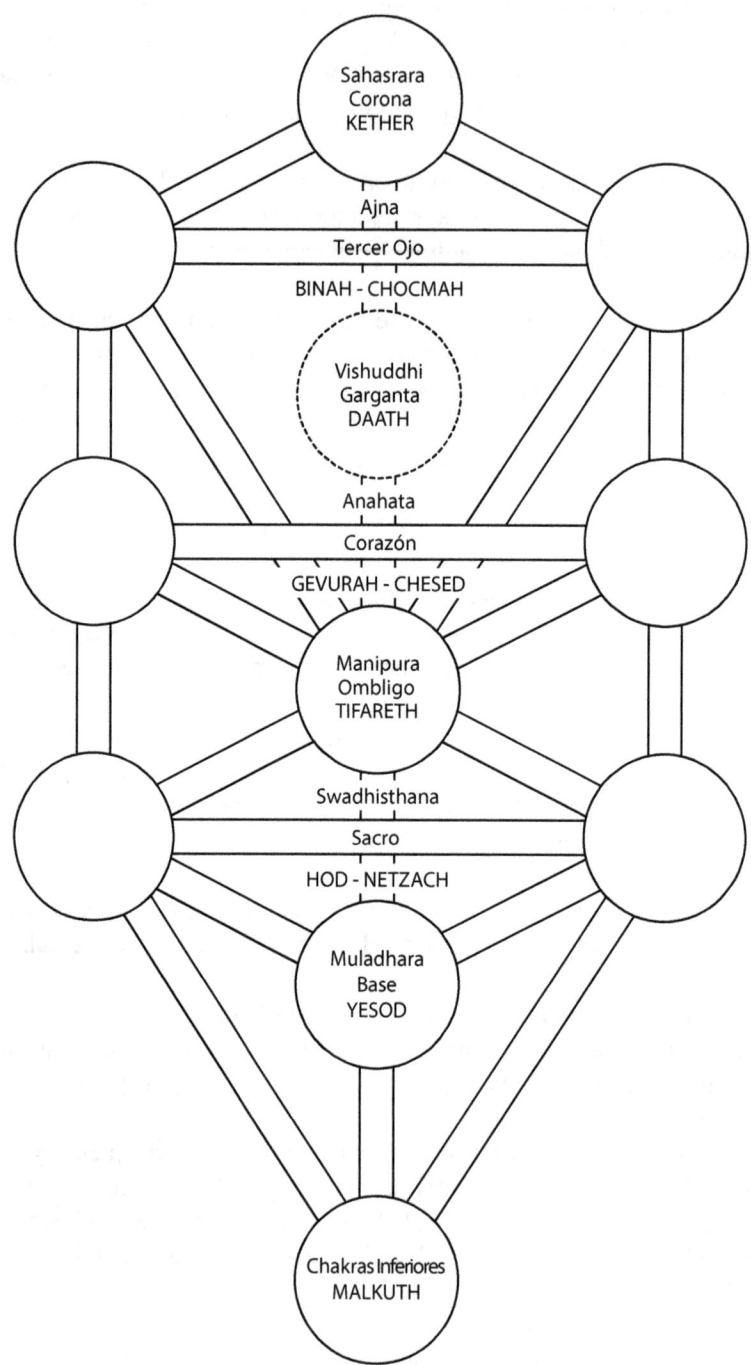

Diagrama P

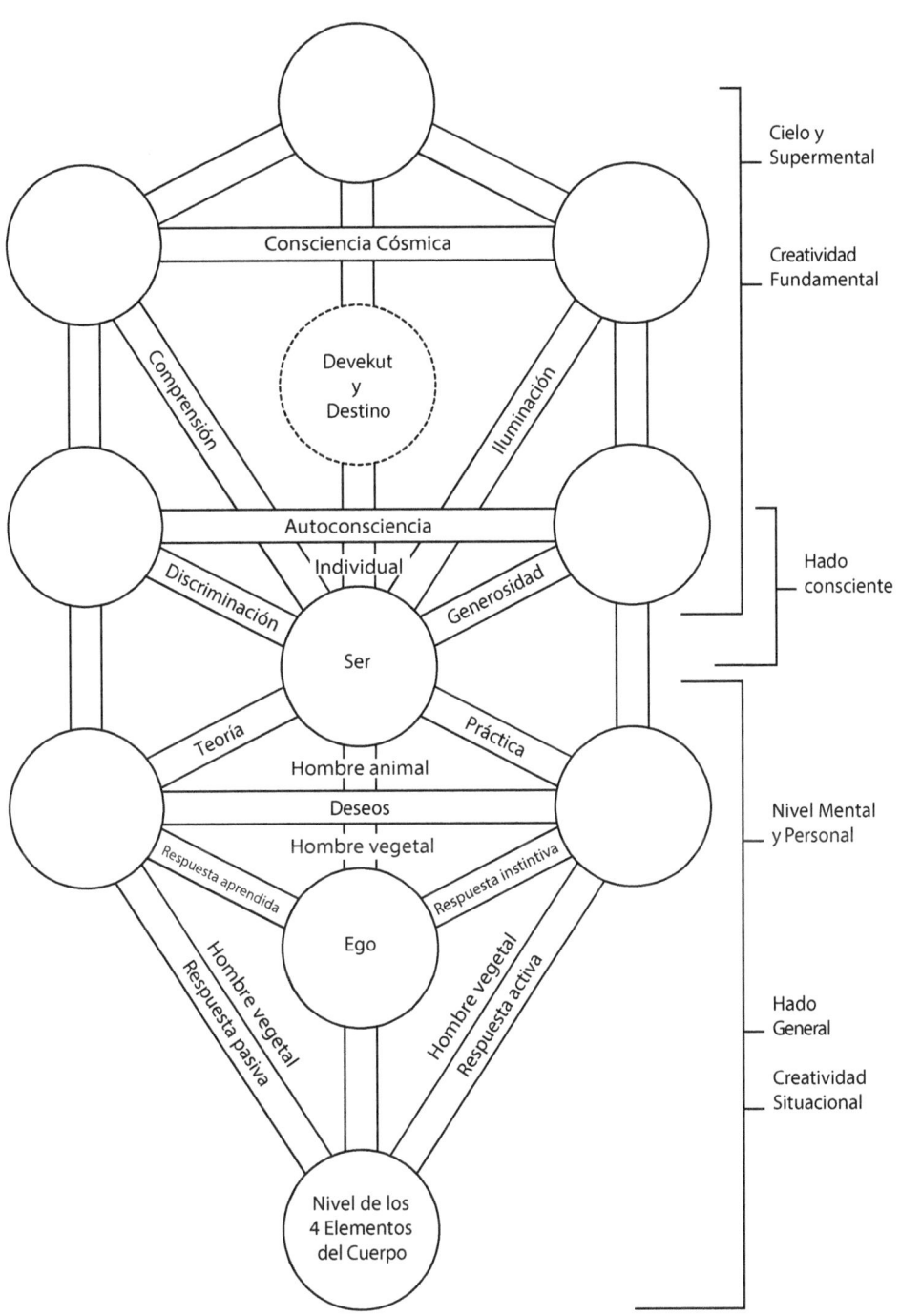

Diagrama Q

Fundamental es un término apropiado en este nivel del Espíritu, ya que está localizado en el Yesod de Briah/Daath de Yezirah. El título para esta emanación (Yesod) es "Fundamento" y, por lo tanto, nos da una clave acerca del modo cósmico de la creatividad, el cual es verdaderamente creativo y diferente de la "creatividad situacional" que profesamos desde la faz inferior de Yezirah.

La diferencia entre la creatividad fundamental y la situacional yace en el hecho de que lo situacional significa generar desde conceptos viejos y ya existentes. Por ejemplo, un músico puede componer una nueva canción, pero siempre está basada en melodías que ya existen.

Para ser completamente original, lo cual es de hecho posible a través de la creatividad fundamental, uno no inventa una escala de tonos totalmente nueva, sino que crea una melodía que no existía previamente. Lo mismo puede ser hecho por un pintor, un arquitecto, un escritor, o cualquier persona que tenga una inspiración que llegue desde el Yezirah superior.

Estar inspirado, o dentro del espíritu[2], significa participar dentro de esta consciencia donde reside el inconsciente arquetípico/colectivo. Para el Kabbalista esto no es una cuestión de "trabajo", sino una presteza, una apertura, o lo que a mí me gusta llamar una "disponibilidad" hacia el Espíritu.

La Sabiduría y el Entendimiento que vienen desde el Daath de Yezirah son un regalo más que un producto del trabajo. Son una cuestión de gracia más que de mérito (diagrama Q).

---

[2] N. del T.: En inglés, "in-spirited", es decir, dentro del espíritu; inspirado.

Capítulo 16: Cuatro mundos

Desde las cuatro etapas de desenvolvimiento Divino surgen las cuatro etapas de la consciencia y los cuatro modos de percibir la existencia. En conjunto, éstas abarcan cuatro formas para que el alma permita a Dios mirar hacia Su propia existencia.

El mundo primordial de Aziluth es el origen de la consciencia pura y desnuda donde todas las cuatro potencialidades previamente tratadas en el libro están presentes en potencial o dentro de cuatro estados de posibilidad:
1. Consciencia (Consciencia Divina y lo Divino) - Aziluth
2. Supramental – Binah
3. Mental y Vital – Yezirah
4. Físico – Assiah

Las cuatro percepciones son conocidas en Kabbalah como lo místico, lo metafísico, lo simbólico y lo literal, respectivamente (diagrama A). Además, estos niveles pueden ser descritos como amor, intuición, pensar/sentir y percibir (con los sentidos).

Los mundos de Assiah y Yezirah (faz inferior) contienen al mundo natural y, como tal, al ser humano natural (Adam Kadmon en el mundo de Assiah). Éstos abarcan los niveles compartidos naturales de la vida mineral, vegetal y animal con los sentidos y las funciones vitales (o energéticas – Nefesh) de pensamiento, mentales y de memoria.

Así de complejo como es el ser humano natural, hay mucho más si consideramos el rol de la Escalera de Jacob dentro de nosotros, viendo que este mundo inferior de Assiah es exactamente uno y sólo uno de los cuatro mundos.

Los niveles físico y mental-vital están en proximidad el uno del otro, correspondiendo al mundo natural y externo, respectivamente, y, por lo tanto, sintonizando una parte de nuestro mundo interno con el mundo externo. Esta es la forma en la que percibimos e interactuamos con nuestro entorno.

El mental y el supramental son uno y el mismo mundo (Yezirah), diferenciado en las faces inferior y superior, dentro de los respectivos dominios de operación personal y transpersonal. Entre estas dos faces, el alma vigila. Estas dos partes del mismo mundo son distintas y diferentes, pero están intrínsecamente relacionadas la una con la otra. Mientras que la parte inferior está ocupada con el desarrollo personal y psicológico, consistiendo de un hado general, la Yezirah superior es transpersonal, donde son recibidas las percepciones del destino personal.

El hado general o inconsciente es el patrón personal que se desarrolla a través de vivir directamente y participando dentro del mundo de Assiah, desde donde somos recibidos al nacer e inmediatamente invitados a seguir los patrones y ejemplos de nuestro medio y cultura personal.

Hay una fuerte tendencia a influir y a ser influido en el nivel vegetal desde este nivel psicológico inferior en la faz inferior de Yezirah/ faz superior de Assiah. La vida aquí es como un reflejo de todas las cosas que nos rodean y, como tal, somos moldeados y formados de acuerdo con el entorno.

El hado general, por lo tanto, no sólo es personal, sino que conlleva un hado grupal o colectivo, dando dirección y movimiento al inconsciente profundo de ese grupo. La mayoría de la gente piensa (o quiere creer) que no son influenciados por este proceso, pero nadie puede escapar la vasta presión que viene del hado colectivo-general, el cual nos mueve; mueve tanto a las masas como al individuo dentro de ellas (diagrama Q).

Desde esta dinámica Yezirática, localizada en la faz inferior de este mundo, podemos fácilmente ver por qué no hay tal cosa como una "creatividad fundamental", sino sólo una "creatividad situacional" o reflexiva. Además de observar este proceso, el alma es el lugar de la autoconsciencia y el asiento del libre albedrío. El alma observa y escudriña al ego.

Uno se convierte en el testigo silencioso, percibiéndose a sí mismo como parte de la totalidad, mientras que el ego-Yesod puede sólo observar parte de sí mismo en relación con el cuerpo físico y el entorno social. Como resultado de esta naciente consciencia del alma y de sus posibilidades intrincadas, el alma se da cuenta de que el hado general no está "escrito en piedra" y que puede ser cambiado e, incluso, transformado.

El alma es donde comenzamos a observar las consecuencias dinámicas concernientes al hado general en nosotros mismos y alrededor de nosotros. Primero, despertamos a la participación en nuestro hado general desde la tríada despertante del nivel animal: vemos la influencia de padres, abuelos, familia, escuela, educación, amigos, trabajo, religión y sociedad. Aquí se pueden tomar decisiones que lo llevan a uno mismo afuera del territorio psicológico de la presión social-emocional que mantiene al nivel vegetal en control, previniéndole crecer y desarrollarse.

Esto es descrito como el hado individual o específico, diferenciándose a uno mismo del grupo, e iniciando el proceso auto-liberador de practicar el libre albedrío. La vida se mueve de la esfera de actividad (karma o mazal) con Yesod en su centro hacia la segunda esfera en el Árbol, con Tifareth en su centro: la esfera del crecimiento (diagrama G).

Como fue tratado anteriormente, la parte superior del Árbol de Yezirah y el Briah inferior es el lugar del inconsciente colectivo-arquetípico, donde encontramos la dimensión transpersonal, haciendo que el patrón mayor esté disponible para nosotros, extendiéndose sobre muchas encarnaciones. Aquí somos introducidos a nuestro destino, explorando valores y moralidades más elevados, es decir, el lugar que tenemos en el mundo y la tarea específica que hemos desarrollado y seguido (consciente o inconscientemente) a lo largo de varias vidas.

Despertar a nuestro destino siempre deja espacio para nuestro libre albedrío; es decir, que uno no está obligado o forzado a seguir al destino. Sin embargo, la mayoría de los individuos encuentra que el sendero está entrelazado con los sentimientos personales de éxtasis y de sentirse entero.

Conforme el Espíritu nos guía en el sendero del destino, nos sentimos inspirados, desafiados, confortados, probados, agradecidos y estimulados para perseverar a lo largo del sendero del asombro (desde Tifareth hasta Kether). Encontrar significado, propósito y dirección espiritual en la vida le da al alma humana un lugar para "descansar su cabeza". Algunos le llaman a esto volver a casa.

Desde este contacto con el mundo superior de Briah erupciona una creatividad interna que se expresa a sí misma en muchas formas distintas. En las expresiones de la vida más profunda, el significado esencial de los Sefirot viene a la superficie. Estas expresiones son bien definidas en muchas piezas de arte, música, poesía y arquitectura.

Las virtudes espirituales del mundo creativo pueden encontrar su camino en el vehículo inferior de los mundos naturales; esto sólo puede suceder si el alma ha guiado al vehículo inferior hacia los procesos de purificación para poder prepararlo para la recepción.

Esta modalidad o carácter interno parte desde Tifareth, el ser el cual tiene contacto con el alma. Este estado particular, o Gadlut, es la consciencia del testigo silencioso, el cual es referido a que está "sentado en el asiento de Salomón" en la Kabbalah. Para la mayoría de los Kabbalistas hábiles y entrenados, el ser capaz de entrar en este estado a voluntad es una virtud, pero ellos dejan el estado Gadlut tan pronto como la consciencia del ego (Katnut) se involucra con los asuntos mundanos.

Entre uno más sea capaz de mantenerse en este estado superior de Gadlut, más estaremos disponibles a y seremos fiables para el Espíritu (tríada Tifareth-Binah-Chocmah). Esto es conocido como Devekut o el "adherirse a Dios".

La creatividad interna o fundamental nace del amor o la unidad (Aziluth). Desde el lado humano (mundo natural y el alma), el Kabbalista comienza a elegir desde el contenido arquetípico de la Yezirah superior en lugar de reproducir viejas elecciones basadas en memorias y experiencias previas. Pero… ¿qué significa esto en realidad?

Los arquetipos son los principios esenciales que dan origen a los mundos de la forma y, en última instancia, al mundo físico. Si uno se desplaza desde vivir la vida personal basado en reacciones automáticas (nivel vegetal) y aspira a la vida arquetípica, se comienza a vivir desde la autoconsciencia, el libre albedrío, la libertad creativa, las percepciones espirituales y la inspiración.

En los textos mitológicos, los arquetipos son los dioses, ángeles, demonios, y otros seres quienes expresan las energías creativas superiores que son la estructura actual del mundo en el que vivimos. Ellos son las personificaciones de los principios creativos de Briah.

Estas fuerzas traen transformación, estableciendo el mundo de la forma y de la acción hacia el movimiento. En la palabra "transformación" podemos ver el significado de lo que realmente cambia: en concreto, la faz inferior del mundo de Yezirah y la estructura personal que hemos construido.

Por supuesto que el mundo mismo no cambia, ni tampoco cambian los principios psicológicos que conforman la metafísica en el Árbol de la Vida. Lo que sí cambia y se transforma, sin embargo, desde trabajar dentro del dominio arquetípico, es la estructura personal que nosotros consideramos como "nosotros mismos" (diagrama Q).

Otra distinción importante entre el mundo natural y el mundo Briáhtico superior es la experiencia del tiempo. El mundo natural y la psique inferior experimentan el mundo como siendo continuo en el tiempo, mientras que en el nivel arquetípico superior la experiencia es discontinua.

Es sólo a través de las frecuencias que nuestros sentidos físicos detectan y la forma en la que la psique inferior trabaja (a través de la memoria) que nosotros conocemos el mundo a nuestro alrededor y a nosotros mismos como continuos. Al ego le gusta creer que es continuo o inmortal al posicionarse a sí mismo como el centro de todas las actividades.

Desde la perspectiva del alma, el cuerpo y el ego son discontinuos y mortales, pero la consciencia que observa estos fenómenos mortales (por ejemplo, el alma) es en sí misma inmortal y discontinua.

El alma sabe que necesita una intención consciente (Kavanah) para poder ser creativa. Podemos desear todo lo que queramos, incluso utilizando el libre albedrío, pero la voluntad es un momento en el tiempo que pierde su enfoque, fortaleza y potencial si no hay intención para mantenerla.

La consciencia del ego sabe acerca del tiempo en un sentido lineal al mirar hacia atrás y hacia adelante. Dentro del alcance de esta visión lineal hay un rango limitado, porque nosotros vemos desde los ojos del ego-Yesod; esto es lo que es llamado la "flecha del tiempo", dibujando el tiempo de una forma lineal y simultánea.

El Darwinismo es una forma tal de describir la evolución, donde no hay espacio para la creatividad fundamental basada en el paradigma de la física cuántica de que el mundo creativo es discontinuo.

Sabiendo que la consciencia en el mundo natural no evoluciona fácilmente hacia estados cuántico-creativos de consciencia, no hacemos mucho uso de ella, si no es que nada, dejando al Darwinismo como una teoría continua, dependiente de la interpretación de los récords fósiles e ideas lineales de lógica y de pensamiento.

Observa que la "lógica" que viene desde ciertos conceptos del mundo mental (Yezirah inferior) es, por definición, no creativa, sino lineal y continua.

Así que... ¿Cómo es que el propósito consciente entra en la materia o se convierte en la materia? Tan sólo puede hacerlo a través de la libre elección e intención, mientras elige desde el dominio fundamental-creativo. Este es el dominio del inconsciente arquetípico-colectivo desde el cual es derivada la inspiración.

El Árbol de la Vida natural completo (Assiah) no está diseñado simplemente para ser creativo, sino para reproducir, repetir, formar, adaptar, cambiar y anticipar las condiciones naturales. El mundo cósmico creativo influye en el mundo natural constantemente, sin embargo, el mundo natural no se puede "elevar a sí mismo por su propio brazo". Esto quiere decir que el microcosmos, a través de su inhabilidad para crear, no mueve o cambia nada en los mundos superiores.

Habiendo dicho esto, en la Kabbalah y en la física cuántica, los mundos no están separados los unos de los otros, aunque pueden ser así representados (incluso en el diagrama Kabbalístico de la Escalera de Jacob).

Las estrellas, los planetas, los dioses, los arcángeles y los ángeles existen todos en unidad dentro de la esfera de la tierra. El universo no está "allá afuera", sino justo aquí mismo. No sólo estás tú y el planeta entero en el universo, sino tú que eres el universo. El plano cósmico al cual llamamos el nivel fundamental creativo o Briah está dentro de y alrededor de nosotros. El potencial para la creatividad y la habilidad cósmica de transformar y realizar milagros está dentro de ti y de todos los demás (diagrama H).

Hasta que este mundo sea descubierto y redescubierto dentro de ti mismo, estamos confinados y encerrados dentro de los mundos inferiores de la reproducción y la acción. Es una parte del trabajo Kabbalístico encontrar los Cielos dentro de nosotros y traerlos a la tierra.

¿Cómo recordamos estos mundos en y alrededor de nosotros? Pues recordar es exactamente lo que necesitamos. Se dijo durante el periodo de esclavitud del pueblo de Israel: "El olvido es sufrimiento, pero la remembranza es liberación".

Como se comentó anteriormente, a través de hacer contacto gradual con nuestra alma, en la meditación y moviéndose hacia la quietud, uno recibirá las propiedades fundamentales del alma. Ser el testigo silencioso y el conocedor del proceso de la vida. Ahora, miremos más de cerca dentro de este dominio.

Capítulo 17: Alma y reencarnación

Hay muchos conceptos filosóficos en oriente y occidente que tratan de explicar la reencarnación. ¿Podría hacer las cosas más complicadas hablar de este tema y tratar de combinarlo con la física cuántica y la Kabbalah? ¡Definitivamente!

No obstante, el Árbol o mundo natural entero de Assiah/faz inferior de Yezirah tiene la habilidad de encarnar, y todo lo que encarna eventualmente desencarnará o se moverá de regreso al lugar de donde vino.

El cuerpo físico se desintegra en las partes elementales desde las cuales fue construido y el vehículo Yezirático inferior se descompone sin dejar trazos de la personalidad y de la estructura del ego que llegó junto con el cuerpo físico. Ambos son construcciones del mundo de Assiah y de Yezirah. Todo lo que está construido desde estos mundos regresará al lugar del cual vino.

Los ciclos se mueven de acuerdo a la ley, arreglando los mundos manifestados tal como son invocados y creados en la existencia. Son formados y hechos regresando a su lugar adecuado, ya que nada se pierde o se desperdicia en el universo.

En este sentido, el universo y la vida misma son ciertamente inmortales, cambiando su forma y su sustancia, pero lo incambiable, o Aziluth, se mantiene constante a través de este proceso.

Las experiencias físicas y mentales, por ejemplo, la experiencia fisiológica y ego-psicológica inferior son, en su mayor parte, almacenadas como memorias personales y mentales o, en otras palabras, como "memorias cerebrales". Estas memorias se pueden rastrear a través de recordar eventos y otros condicionamientos personales. En el Árbol encontramos tales memorias en el círculo inferior con Yesod, el inconsciente personal, en su centro (diagrama G).

Construimos esta memoria gradualmente, pasando a través de las etapas de nuestra vida con las influencias mayores que nos llegan desde el mundo exterior.
Sin elección, las experiencias y memorias construidas son facilitadas en su mayor parte a través de las condiciones exteriores.

La manera en la que reaccionamos al mundo, nuestra respuesta interior a las circunstancias y a la gente, es muy subjetiva y personal. A pesar de que vivimos en un universo cósmico muy impersonal, hacemos nuestra vida muy personal, a través de la función de la memoria.

Esta memoria no durará; se mantiene sólo por el tiempo en que nuestra vida física es sostenida en esta tierra y se desintegra después de la muerte física.
Sin embargo, las memorias que son reflejos inconscientes de una vida personal se pueden hacer conscientes cuando son traídas a la órbita de procesamiento de la vida del alma.

El reino del Yesod de Yezirah es un banco de memoria vasto que contiene lo que es aprendido, percibido y sentido. Es una amalgama de imágenes e impresiones entretejidas en un tipo de línea de tiempo – margen de tiempo personal en donde encontramos referencias entre una vida interna y una vida externa.
Como fue tratado previamente en el capítulo siete, llamamos a este lugar en el Árbol y en la Escalera de Jacob "la Casa del Tesoro de las Imágenes".

Hay unas cuantas buenas razones del por qué este nombre le fue dado.
En primer lugar, porque Yesod está relacionado al principio esotérico de la luna, reflejando pensamientos, ideas, imágenes y todas las memorias que han sido acumuladas en un ciclo de vida, hasta ahora. En segundo lugar, el reflejo muestra un tipo de memoria pasiva que nos refleja de regreso lo que una vez fue.

Una vez en que uno se convierte en desencarnado, el espejo refleja una vez más, enseñándonos la historia de nuestra vida; después, se hace añicos y se desintegra. Más allá del espejo y del mundo de Assiah, el alma es operativa como el vehículo de la consciencia; es a través de este asiento de consciencia que uno entra |en contacto con y le permite al Sagrado Uno mirar a través de nuestros ojos y escuchar a través de nuestros oídos.

En otras palabras: el libre albedrío, del cual se habla tan extensivamente en los círculos esotéricos, tiene la opción de girar hacia el mundo superior de Briah o de enterrarse a sí mismo en los asuntos mundanos de Assiah.
El alma se posiciona a sí misma en el centro mismo del Árbol, habilitando al ser humano a conectar "el cielo a la tierra".

Tales experiencias son de un diferente orden psicoespiritual, tomadas y llevadas dentro de la vasija del alma hacia la siguiente encarnación. En la imaginación, podemos visualizar este viaje como un movimiento o migración de la "vida a" a la "vida b".

No olvidemos, sin embargo, que la consciencia misma no tiene otras propiedades salvo la presencia, la quietud y la observación despierta o el testigo silencioso. Estas cualidades internas le dan al ser humano la experiencia de "estar en el mundo, pero no ser de él", encontrándose uno mismo libre de la consciencia del tiempo-espacio mientras se vive en el mundo del tiempo-espacio-movimiento.

En Kabbalah esto sería descrito como ser consciente de la atemporalidad o la eternidad dentro del tiempo-espacio.

El alma, por lo tanto, tiene estas propiedades atemporales mientras se encuentra en el mundo, por lo tanto, estando en esta vida y más allá.

La idea cuántico-esotérica viene del conocimiento de que el alma no encarna otra vez, ni tampoco emigra, de acuerdo a este paradigma desafiante donde la Kabbalah y la física cuántica se encuentran. En lugar de ello, el alma recuerda los procesos de vida individual que ha experimentado en una o muchas vidas.

Podríamos comparar este recordar a despertar en la mañana y traer el sueño hacia la consciencia despertante (Yesod). Desde ahí es posible, no sólo recordar, sino también integrar el sueño a la vida diaria. Encarnar es despertar del sueño que fue nuestra encarnación anterior.

Para la mayor parte de la humanidad, las vidas vividas se desvanecen parcial o completamente en el nacimiento, dependiendo del desarrollo espiritual en vidas pasadas. Es la madurez del alma y del vehículo humano completo como un ser total en una vida anterior la que nos permite recordar lo que fuimos, dónde estamos y hacia dónde nos estamos moviendo (hado y destino).

La desafiante hipótesis esotérica en este libro sugiere que el alma no emigra, sino que es, en verdad, una vasija de consciencia que reposa dentro de la dimensión atemporal desde la cual la vida nace y regresará (Aziluth). Por esta razón, es desde el alma que las experiencias espirituales nos hablan, dándonos conocimiento evidencial de los reinos espiritual (Briáhtico) y Divino (Aziluth).

El conocimiento (Daath) no se "mueve", sino que es una constante omnipresente, como una memoria en la vida diaria que recuerdas a dondequiera que vayas. La física cuántica se refiere a la memoria cuántica que consiste de una confluencia de memorias no locales y, por lo tanto, atemporales, que "cargan" o contienen pensamientos e imágenes específicos que yacen en nuestro patrón individual kármico.

Meditación/ejercicio

Siéntate en meditación y hazte consciente del cuerpo que habitas. Pregúntate a ti mismo: ¿Es el cuerpo lo que yo habito o es el cuerpo el que habita en mí?

Empieza a respirar conscientemente y pregúntate a ti mismo: ¿Quién está respirando? Permite que la respiración se mueva completamente por sí misma, y pregúntate a ti mismo: ¿Estás respirando o estás siendo respirado?

Observa tus pensamientos, siendo consciente de la corriente siempre fluyente de pensamientos que pasan a través de tu mente. No excluyas estos pensamientos, simplemente déjalos ser. Déjalos elevarse y caer en tu consciencia. Pregúntate a ti mismo de dónde vienen estos pensamientos. ¿Naces del pensamiento o el pensamiento surge de ti?

Siente la energía en ti mismo. ¿Qué cualidad puedes percibir en las energías dentro de ti? Observa de dónde vienen. ¿Cuál es su origen?

Lentamente, hazte consciente de que eres tú quien sabe todas estas cosas; que tú estás en un mundo que está surgiendo desde ti.

Capítulo 18: Propósito

El propósito viene en varias formas y figuras de acuerdo a la intención y las necesidades humanas. La mayoría de nosotros tenemos un propósito en la vida que tiene que ver con la felicidad y la satisfacción de nuestras necesidades. Depende de dónde viene la necesidad o el deseo, sea que es fácilmente satisfecho o si regresará con el tiempo, ya que cada necesidad y deseo regresa tarde o temprano.

La urgencia de satisfacer continuamente las necesidades y deseos en la vida, el propósito de uno visto desde la faz inferior del Árbol de la Vida, hace que el humano esté inquieto y se encuentre en una búsqueda interminable de un propósito que nunca será verdaderamente satisfecho.

El propósito está localizado en el Árbol de la Vida en la tríada Divina de Kether-Chocmah-Binah. Aquí, encontramos el principio de lo que un ser humano ve y considera como la corona en el destino propio. En otras palabras, si ese propósito es logrado, la vida misma es el verdadero significado de ese propósito. Algunos dicen: "Yo vine a la tierra a cumplir esta tarea específica" (propósito).

El propósito y el significado están intrínsecamente entrelazados en la historia humana, ya que no hay otra creatura que conozcamos que trabaje y se mueva hacia un propósito. Por supuesto, es un propósito muy diferente si uno inicia su camino para lograr dicho propósito en la vida sea desde Malkuth, Yesod, Tifareth, o incluso más arriba en el pilar del medio en el Árbol de la Vida. El propósito y el significado cambian y se mueven de acuerdo al nivel o etapa de consciencia en la que uno se encuentra, ilustrados por el progreso de la consciencia y del desarrollo espiritual hacia arriba en el pilar central (diagrama R).

El propósito en la tríada Divina superior en el Árbol es diferente a aquella en la faz inferior del Árbol donde compartimos el hado común o general de la humanidad. Conforme nos aproximamos al nivel del alma nos despertamos a la autoconsciencia, elevándonos con un sentido de hado específico o individual. Esta consciencia de nuestro hado y destino específico o individual nos trae más cerca de nuestro propósito superior.

Es desde este dominio interno del alma, en donde descansa el libre albedrío, que somos capaces de causar cambios que ocurren y que caen dentro del ámbito de la selección cuántica. El libre albedrío abre las posibilidades para elegir conscientemente desde el campo cuántico (Briáhtico). Aquí, las posibilidades arquetípicas existen como principados o seres esenciales. En Kabbalah, estos arquetipos son conocidos como los arcángeles y los Ángeles Superiores (diagrama H).

Tomamos decisiones desde el nivel de la autoconsciencia (alma). Tenemos el potencial para ser verdaderamente creativos y transformadores (acción espiritual). No es inusual que mientras el alma empieza a percibir la línea del destino, simultáneamente le dé claridad al propósito en cuestión.

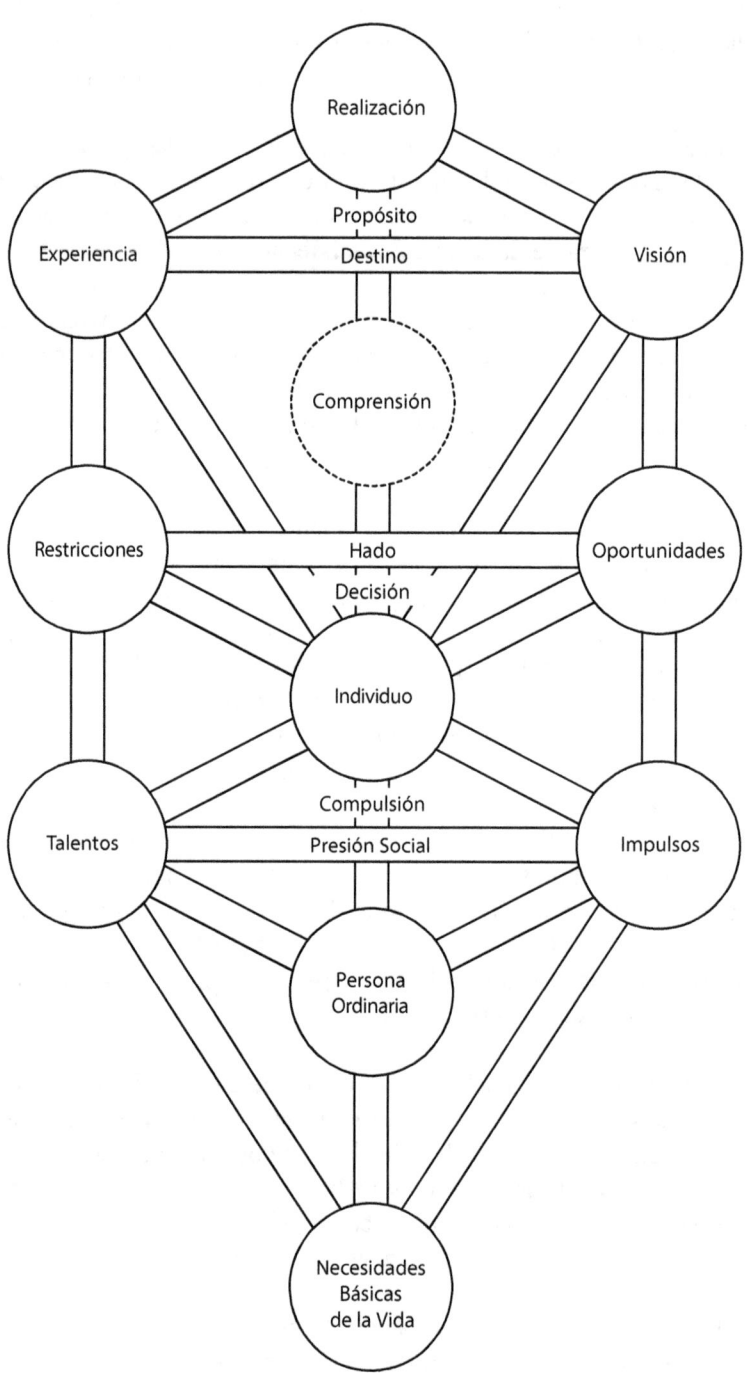

Diagrama R

Esta comprensión es traída al alma receptiva que es inspirada a vivir más y más de acuerdo con metas y significados más elevados. Demuestra que un propósito Divino en la vida es relativo, dependiendo de la etapa evolutiva de desarrollo en el Árbol de la Vida.

La física cuántica agrega a esto que, si deseamos hacer posible una verdadera transformación, necesitamos comenzar nuestras elecciones desde principios espirituales más elevados (orden Briáhtico), por ejemplo: amor, justicia, armonía, compasión y fuerza. El ser humano natural necesita una guía que lo eleve del estado natural hacia algo mayor y superior.

Propósito y karma
¿Cómo podemos distinguir entre las memorias acumuladas de una encarnación actual y memorias kármicas específicas? Lo que aprendemos a través del contacto con el mundo, la familia inmediata, la cultura y así sucesivamente, son memorias acumuladas (diagrama J). Estas no son las mismas memorias que las memorias kármicas a las cuales también nos referimos como memorias cuánticas.

Naturalmente, estos dos tipos de memoria distinta, una de orden personal y la otra de orden transpersonal, deberían de ser integradas y de meditarse sobre ellas. ¿De qué otra manera, como Kabbalistas, llegamos a cualquier integración y unidad seria de lo que nuestro ser transmigrado tiene que decir acerca de la continuación en una vida actual?

En otras palabras: nuestra vida presente importa mucho, pidiéndonos recordar lo que hemos recabado a través de otras vidas, tejiendo un patrón que está en armonía con nuestro diseño espiritual mayor. Este diseño espiritual es conocido como el destino, donde entramos en contacto con la comprensión interna de lo que significa ser parte de una estructura y Ser mayores. Tal perspectiva le muestra al ser humano que esta vida no se trata de nosotros, como es frecuentemente explicado por nuestro mentor o maestro interno (maggid).

Como fue comentado antes, un destino claro nos lleva a un propósito y significado de la vida. El propósito y el significado no sólo dan una perspectiva a nuestra existencia individual, sino que actúan como faros funcionales que nos guían hacia adelante siguiendo principios arquetípicos. En lugar de guiar nuestra vida de acuerdo a los impulsos de los asuntos mundanos y las memorias personales, si tenemos un propósito, seguimos conscientemente la memoria simbólica-interna que representa nuestro patrón kármico individual.

Esto demanda una actitud inquisitiva y exploradora hacia nuestros niveles más profundos e inconscientes (Yezirah superior) donde los arquetipos se presentan a sí mismos, no sólo como esencias cósmicas, sino como personificaciones internas de la energía creativa y espiritual. Es el alma en cada ser humano la que parte en el viaje para esta exploración única hacia un propósito y significado; es única porque cada sendero individual es formado por las decisiones que uno toma, basado sobre el hado inconsciente (generativo) o el hado consciente (creativo).

El pensamiento cuántico y el uso del libre albedrío abren las posibilidades internas para crear desde el mismo centro de nuestro ser: Tifareth. No obstante cuán difícil esto sea en su forma abstracta, el verdadero acto creativo es llamado un "salto cuántico creativo", y puede ser comparado con un salto discontinuo en un marco de tiempo continuo.

Imagina que nuestra existencia física y psicológica inferior está experimentando el mundo como un continuo tiempo-espacio-movimiento. Parece que nuestro cuerpo y nuestra psique personal desean experimentar esta idea y sentimiento de una vida sin fin. Después de todo, estas partes de la totalidad humana son dependientes del tiempo-espacio, y perecerán a su debido tiempo.
Ambos están más o menos atorados en esa etapa de la consciencia en donde existen en conformidad con el entorno natural en el cual hemos venido a vivir.

Para poder ser creativos, necesitamos hacer un salto cuántico en la consciencia. Después de todo, el dominio cuántico es el reino de la consciencia (la consciencia todo potencial de Aziluth). Desde la luz de esta consciencia (corazón de Aziluth) brotan los dos principios creativos de Chocmah (tiempo) y Binah (espacio), y el mundo de Briah. Los mundos superiores creativos comienzan a desplegarse.

Kether es el reino puro de las probabilidades mientras que Chocmah y Binah representan la función de onda y partícula, respectivamente.

La onda potencial en Chocmah, la sabiduría ilimitada en el cosmos, puede colapsar en una nueva forma o "partícula" en el entendimiento de Binah.
Si no hay un salto cuántico o discontinuidad no habrá una verdadera creatividad, sino tan sólo una regeneración de colapsos más antiguos, una repetición de la misma vieja consciencia y perspectiva.

Para ser capaces de trabajar con un nuevo arquetipo en el Árbol de la Vida, en este caso Tifareth, dirigimos nuestra intención y energía hacia el arquetipo del ser.
¿Por qué son los arquetipos tan diferentes de los símbolos y memorias personales? Porque éstos pertenecen al mundo creativo de lo transpersonal y de lo metafísico (el inconsciente colectivo). Los arquetipos llevan con ellos la capacidad intrínseca (Chocmah y Binah de Briah) de transformar la vida en toda su energía y su forma.

Lo que se necesita para poder ser creativo es aplicar la consciencia, la imaginación y la elección (libre albedrío). Vamos a llevar esto un paso más adelante, ya que hay múltiples lugares en el pilar del medio en el Árbol de la Vida y en la Escalera de Jacob que son llamados Tifareth. El libre albedrío yace en el corazón de Yezirah y toca la tríada del alma (libre albedrío, procesos de vida y consciencia), pero es simultáneamente el lugar donde los "tres mundos inferiores se encuentran".

El Kether de Assiah es la madurez física a la cual todos podemos crecer a su debido tiempo. Sin embargo, ser un erudito del cuerpo (Daath de Assiah) es otro asunto. Esta corona en el Reino físico-natural significa que somos conscientes de nuestro vehículo físico (diagrama B).

El Tifareth de Yezirah es ese ser psicológico en el centro del mundo de la psique. El Malkuth de Briah es llamado el Reino de los Cielos: Reino porque éste es el Malkuth del mundo celestial de Briah. Al pie de este mundo Briáhtico, nos adentramos en el reino del Espíritu y en el primer cielo. En Kabbalah, este cielo es llamado "Vilon" o "Velo", ya que es en este preciso lugar donde nos encontramos con la experiencia de la consciencia emergente que nos hace ver que podemos "ser conscientes de ser conscientes".

Aquí está el primer vistazo del ser cuántico, desde el cual podemos libremente elegir desde las posibilidades del tipo onda hacia un "colapso" de partículas manifestadas. La apertura del "Velo" revela un tipo de "consciencia desnuda", un ser que es verdaderamente auto-existente sin ninguna propiedad particular.

A partir de este punto en la Escalera de Jacob es posible ocupar un espacio en la consciencia que contiene y abarca las tres perspectivas. Encontrándose en ese estado de consciencia desnuda, uno puede estar simultáneamente en el cuerpo de la psique y del mundo; es decir, esa consciencia espiritual no excluye la consciencia diaria y ordinaria. Por el contrario, el Espíritu es todo inclusivo y, por lo tanto, contiene dentro de sí todas las otras expresiones venideras de consciencia inherentes al Espíritu. En términos cuánticos, el ser cuántico es omnipresente dentro de su propio mundo manifestado.

Aunque es posible alcanzar esta cima sobre la propia montaña interna (en el Árbol de la Vida), no es tan fácil mantenerse ahí. Una buena metáfora sobre la cual podemos extendernos es la altitud de la montaña. Conforme alcanzamos mayor altura, el aire se hace menos denso, moviéndose hacia el reino más etéreo de Briah (aire). El Reino de los Cielos puede ser alcanzado, pero es difícil aferrarse a él.

Hablamos anteriormente acerca del estado de Gadlut cuando alcanzamos la cima (el lugar donde los tres mundos inferiores se encuentran), pero es sólo desde un estado establecido de Devekut (devoción) que podemos encontrar un terreno estable en el Malkuth de Briah. Todo esto es una cuestión de trabajo interno y de consciencia.

Haciendo la síntesis con la física cuántica llegamos a un entrelazamiento entre la consciencia que nos crea y las formas y los seres creados. Incluso podemos llegar a ciertas percepciones que nos dicen que somos cocreadores, y que el cuerpo y el mundo en el que vivimos son auto-engendrados. Así mismo, damos origen a estas formas en una manera creativa diariamente, momento a momento. Residimos y estamos presentes en esa consciencia cuántico-creativa, y si comulgamos con ella, es como si nosotros fuéramos esa consciencia. Esto es misticismo puro vestido en el lenguaje moderno de la física cuántica.

En la física cuántica se le llama a esta consciencia no solamente "no-local" (la cual, en otras palabras, no está ligada al tiempo-espacio y está identificada con la "eternidad"), sino que también es discontinua. Para muchos practicantes esotéricos alrededor de todo el mundo, siempre ha sido difícil mantener el estado del "no-ser" tal como es deseado, particularmente en las tradiciones orientales.

Vivir en el mundo del tiempo-espacio-movimiento implica que no podemos residir permanentemente en una consciencia eterna (afuera del cuerpo y del ego). Si éste fuera el caso, entonces seríamos completamente disfuncionales en la vida. Los Kabbalistas han dicho por muchos siglos que el ser humano es un vehículo para la Divinidad más que una ilusión de la cual debemos escapar tan pronto como sea posible.

Capítulo 19: Totalidad

La Kabbalah y la física cuántica tratan sobre la totalidad y la integración, haciendo alusión a hacer la vida completa en lugar de dividirla en partes separadas o excluir algo. El karma incluye al propósito, pues no deberíamos de olvidar que al vivir en el mundo natural generamos karma todo el tiempo. En estos momentos nos encontramos presentes en el mundo de la acción; no sólo en el mundo de la acción física, sino también de las acciones mentales, emocionales, vitales y sensitivas. Desde ellas surgen nuevos efectos que, a su vez, son causas para otros efectos.

Podemos fácilmente perder nuestro sentido de propósito en esta vasta y complicada red humana de acciones que llevamos a cabo diariamente, tanto en el día como por la noche. La Kabbalah y la física cuántica nos invitan a caminar por el sendero de la consciencia y de la intención consciente (Kavanah) de tal forma que podamos conocer más claramente qué acciones establecemos dentro de y a través de nosotros hacia el mundo.

El propósito no puede surgir de una coincidencia o de algún impulso inconsciente. Aunque nuestro propósito pueda llamarnos desde las profundidades más recónditas del inconsciente (como nuestro maggid llamándonos), debemos despertar al llamado y a lo que nos dice para poder ser capaces de seguirlo (diagramas A y B).

Cuatro mundos en acción
La teoría cuántica habla acerca de nuevos paradigmas que son inclusivos, viendo al universo como un momento eterno donde todo es sostenido en una unidad inquebrantable. ¿Está hecho el universo de energía y partículas, donde ambos son y ninguno es?

Sí, el universo tanto es como no es. Aquí nos encontramos con la paradoja mística acerca de los Velos Negativos en la Kabbalah, donde Dios es Nada (Ain) y Dios es Todo (Ain Sof). El universo como un todo es un espejo de esta paradoja mística, un espejo místico que parece reflejar una realidad dual que es, de hecho, una sola.

Este espejo es Daath, a través del cual podemos ver claramente la realidad completa tal como es, viniendo hacia nosotros, como una revelación Divina. O puede llegar a nosotros, como lo vemos generalmente, mirando a través de un "vidrio oscuro", observando las sombras de la luz de la realidad. El diagrama que utilizamos en Kabbalah para representar al espejo de la existencia es el Árbol de la Vida y la Escalera de Jacob (diagrama O).

Hay una "realidad cuántica" en Kabbalah: es la realidad dual del "ser y del devenir", explicada metafísicamente a través de la no-Sefirá de Daath. Daath es el punto cuántico de transformación, localizado en el Daath de Yezirah y el Yesod de Briah: el lugar del Espíritu Santo.

La consciencia cuántica es la consciencia del místico, "el que es y deviene", y quien proclama que ella o él "está en este mundo, pero no es de él". Aunque la consciencia cuántica no puede ser localizada por nuestra manera de ver al tiempo-espacio, lo posicionamos en el Árbol donde, en efecto, no hay referencia al tiempo-espacio y, sin embargo, donde tal consciencia está presente en el mundo del tiempo y del espacio.

Como hemos dicho antes, la realidad cuántica (la cual es llamada "el orden implicado" por David Bohm, y lo que llamamos Aziluth en Kabbalah) no está afuera de nuestra realidad relativa.

La inteligencia cuántica (consciencia) llega a existir a través de tres mundos sucesivos de desarrollo o emanación: de la creación, de la forma y de la acción. El cosmos (mundo superior o Briah) es el medio de la consciencia cuántica que espera a la Voluntad Divina para emanar.

A través de los mundos que descienden hacia la manifestación, la consciencia cuántica o Divinidad se revela a sí misma a través del Intelecto, la Emoción y la Acción Divinos. De nuevo, estos son los tres mundos inferiores debajo de Aziluth. El reflejo creativo en el cosmos se expresa a sí mismo a través de la organización estelar de los diferentes arcángeles en la tradición de la Kabbalah. Los arcángeles representan los principios esenciales y metafísicos que sostienen al cosmos. Ellos son las leyes que gobiernan al universo, guiando la influencia Divina superior hacia los mundos o vasijas inferiores (diagrama N).

En la filosofía cuántica, estos principios podrían ser explicados como las ideas científicas que forman el fundamento de la física cuántica. Por decirlo de alguna manera, algunos arcángeles se encargan de la Sabiduría y del Entendimiento, los principios creativos de Chocmah y Binah que son llamados en terminología cuántica "onda y partícula", respectivamente.

Todo lo que surge de estos padres cósmicos es el orden descendiente del desarrollo progresivo a través del entrelazamiento (jerarquía indivisa), de la no-localidad (la Eternidad dentro del pilar del medio, o el Kav de Dios), de la consciencia como el fundamento del ser (todo es derivado de la consciencia o del potencial Divino), y del "colapso" o consecuencia de la decisión (libre albedrío). Sin estos principios cósmicos, los mundos inferiores de la forma y la materia no serían capaces de desplegarse. El cosmos es un medio para la voluntad de Dios, una vasija para la sabiduría Divina. Se dice que la Divinidad, la fuente y fundamento de todo lo que es (Aziluth), es la más elevada expresión de amor, lo que los griegos llamaban Ágape.

La Sabiduría (Chocmah) es, por lo tanto, el medio del amor, mientras que el Entendimiento es el medio de la Sabiduría. Los mundos debajo de lo Divino y de lo creativo deberían ser capaces de contener, sostener y reflejar los mundos superiores. Yezirah, el mundo de la formación, es donde las formas sutiles astrales y etéricas sirven como vehículos psicológicos para esas influencias Divinas y creativas. La mente es una vasija para lo metafísico (Espíritu), y la materia (Assiah) es una vasija o medio de las estructuras de la mente que contiene los mundos superiores. Éstos se convierten en mundos dentro de mundos dentro de mundos.

El misterio en Assiah reside dentro de la idea Kabbalística y cuántica de que la Consciencia-Divinidad es eventualmente expresada en la materia. El Reino (Malkuth) es el lugar de la Shekinah (Santa Presencia). En muchas tradiciones esotéricas y místicas está siendo transmitido el misterio de que la realidad (Divinidad) yace dentro de uno mismo. La realidad es la totalidad y completitud del ser. Una vez más, enfatizo el trabajo místico de los caminos Kabbalístico y cuántico por igual: somos buscadores en el sendero de la unidad.

Cuando gradualmente recordamos que la unidad viene desde adentro, comenzamos a sanar, tal como la totalidad se está sanando en sí misma. Esto es exactamente lo que el cuerpo físico hace: se comunica y nos habla de una manera holística. La forma natural en la que el mundo físico habla es por medio de la completitud, viniendo desde una consciencia interior de la existencia física de que Dios es inmanente (Shekinah). La realidad viene desde adentro, y la sanación también lo hace. Romper la unidad y la totalidad es lo que llamamos estar enfermo. Nos sentimos rotos y apartados.

En los capítulos dos y ocho hablamos acerca de los mundos y del cuerpo existiendo como un holograma y, por consiguiente, conociéndose a sí mismos en completitud a través de sus partes individuales. Aunque las partes separadas no expresen la totalidad del todo, sí reflejan el todo como una unidad separada.

Para el mundo natural, y para el ser humano en particular, podemos concluir que de la misma manera en la que una parte se conoce o se experimenta a sí misma, también lo hace el todo. Si una parte de nosotros experimenta un buen pensamiento o sentimiento de bienestar, salud, felicidad o totalidad, todo el ser lo sentirá también.

Ya que éste es un principio de la naturaleza, la ley que gobierna esta totalidad a través de una imagen holográfica no hace ninguna distinción entre "buenos o malos pensamientos o sentimientos". Cualquier parte de nosotros que se sienta deprimida, triste o enojada reflejará este estado del ser en el espejo completo de nuestro ser. Esto explica de una manera hermosa la forma en la que los mundos Kabbalísticos se reflejan los unos a los otros y cómo dentro de cada mundo hay espejos dentro de espejos -un Árbol de la Vida dentro de cada Sefirá.

El Kabbalista hace uso de diagramas que nos presentan una imagen de la realidad, en particular, el Árbol de la Vida y la Escalera de Jacob (diagramas A y G). Tal diagrama debería contener la totalidad de la existencia, describiendo y presentando una imagen completa de quiénes somos para el alma. Todo se trata de una autoimagen. Todo se trata de identificación.

Parece ser que Dios lo ha querido así, ya que la expresión Divina más elevada en el mundo de Aziluth se dice a sí misma: "Yo soy El que Yo Soy". Dios desea mirar a Dios en el espejo de la existencia. La existencia puede despertar ante este espejo que está dentro y empezar a responder desde el alma, la cual anhela conocerse a sí misma desde el deseo existencial. El Kabbalista recuerda y redescubre esta imagen simultáneamente en el Árbol de la Vida y la Escalera de Jacob, en donde nuestras ideas, nuestro sentido y nuestra comprensión del ser están presentes.

Desde la autoimagen viene la identificación. Esta pequeña frase es aplicada una y otra vez cada día, mirando en el espejo de Yesod (Yezirah) y encontrando un sentido del ser. En verdad no encontramos al "ser", sino a un reflejo de un fragmento de esa totalidad. Para nuestro entendimiento, el espejo psicológico nos enseña quiénes y qué somos, dejándonos identificarnos con lo que observamos en nuestro espejo personal.

En el ejemplo de un reflejo de belleza, uno podría identificarse a sí mismo con compasión y perdón, pero los reflejos no distinguen entre el bien y el mal.

Un espejo refleja, y eso es todo.

Meditación

Entra en un estado de meditación. Siéntate, o puedes estar de pie en esta meditación.

Puedes visualizar el Árbol de la Vida en frente de ti, y/o poner un diagrama del Árbol de la Vida frente a ti.

Imagina que este Árbol de la Vida brilla e irradia hacia ti. Brilla con la luz de la verdad. Todo lo que realmente fuiste, eres y serás se refleja como un espejo. Te ves a ti mismo en este Árbol de la Vida.

Este diagrama opuesto a ti tan sólo puede hacer una cosa: revelar como un espejo quién eres.

Quédate quieto y recibe lo que llegue a ti. Prepárate para aceptar la verdad que se presenta ante ti.

Después de un tiempo, integra la experiencia tomando cuatro respiraciones profundas y haciendo contacto con tu cuerpo físico.

Capítulo 20: Yesod como un espejo

Yesod, con su cualidad resplandeciente de la luna, brilla por medio de quién o de lo que lo mire. Si nos sentimos enfermos o deprimidos podemos desarrollar una creciente identificación con la enfermedad o la depresión. A quien vemos o lo que vemos en el espejo es cómo nos conocemos a nosotros mismos. Sin embargo, un reflejo no es la realidad, sino tan sólo un reflejo. La pregunta relevante aquí debería de ser: ¿Eres lo que ves o lo que ves es sólo un reflejo temporal?

La función del espejo es reflejar para poder saber lo que es y lo que no es. Esto significa que no deberíamos de vernos a nosotros mismos indiscriminadamente. ¿Sabe el observador quién está observando?

Habiendo hablado acerca del efecto que el observador o testigo tiene en ciertos niveles de realidad en la medición cuántica, necesitamos considerar estas preguntas seriamente. Un pensamiento, un sentimiento o una emoción tiene un equivalente en el cuerpo químico-eléctrico y es muy dependiente de cómo vemos al mundo y a nosotros mismos, hasta qué grado le damos forma a nuestra autoimagen y a la imagen del mundo a nuestro alrededor (diagrama J).

Ya que un pensamiento es pasajero, elusivo, cambiante y efímero, así también lo son las sustancias que son liberadas en el cuerpo. ¿Somos también esta persona pasajera que va y viene, pasiva ante la imagen que vemos en el espejo de Yesod?

La memoria no es sólo algo que vemos, mirando hacia atrás en nuestra historia personal. La memoria es un elemento vital en el proceso de cómo construimos conscientemente nuestra autoimagen. Todos los pensamientos, ideas, sentimientos, acciones y reflejos de nosotros mismos en este preciso momento contribuyen a cómo nos miraremos a nosotros mismos mañana. Entre más contemplemos nuestro Árbol de la Vida completo en nuestra experiencia, más podremos hacernos completos mañana. Sé consciente de que la memoria puede sobrevivir cualquier pensamiento y célula física en el cuerpo que haya estado involucrado con tu experiencia pasada.

Todas las células de tu cuerpo que estuvieron involucradas en una memoria cuando fuiste picado por una avispa cuando eras pequeño ya se han ido y han sido reemplazadas varias veces, y aún así, la memoria vive mientras que los efectos sigan ahí en nuestras reflexiones. Una autoimagen puede, por lo tanto, ser altamente espiritual, pero también puede ser una imagen enferma. Las adicciones, el miedo, la ansiedad y el dolor son todos ejemplos de estas distorsiones en la memoria y la imagen.

En Kabbalah y en las enseñanzas cuánticas, el observador es testigo de sí mismo en el espejo. Al ser y hacerse consciente de que hay una diferencia entre el uno que está mirando y la imagen, el ser crece en el conocimiento de que es no sólo la imagen. Tifareth es el observador en el espejo de Yesod, ocupando el Asiento de Salomón en la Escalera de Jacob, el lugar donde los tres mundos inferiores se encuentran. Somos conscientes de los tres mundos en un espejo.

Además del espejo psicológico dentro del mundo de Yezirah, tenemos un espejo externo en Malkuth. Éste es el cuerpo físico que habitamos durante nuestra encarnación, pero también es el mundo físico a nuestro alrededor. Junto con el Yesod psicológico, éstos nos reflejan constantemente (día y noche) en dónde estamos y quiénes somos.

Sin despertar del hechizo que baila ante nuestros ojos, nos mantenemos en el encantamiento (condicionamientos) de nuestro propio mundo construido. Desde la perspectiva cuántica, podríamos decir que sin el observador, el cual es el sujeto en cualquier observación, nosotros no tan sólo "vemos", sino que participamos activamente en lo que está siendo observado (el objeto). Además de esto, si no observamos más allá de nuestro mundo y horizonte o espejo conocidos, no participaremos en "colapsar" (crear a través de la consciencia cuántica) cosas verdaderamente nuevas y creativas.

Para enfatizar lo que estamos diciendo aquí, es sólo a través de sostener esa posición en la consciencia del Asiento de Salomón que tenemos acceso a la creatividad cuántica. Esto surge de la ley metafísica de que los mundos tienen que entrelazarse, unirse y hacerse realidad en la consciencia del alma.

El cuerpo, la mente y el Espíritu se mantienen unidos como uno en un cuerpo de consciencia o en un cuerpo cuántico. A pesar de que experimentamos estos cuerpos como separados e independientes los unos de los otros, son, no obstante, uno, interdependientes y armoniosos los unos con los otros (diagramas A y B).

Conclusión

La Kabbalah siempre ha sido una tradición que enseña el camino de la unificación. Es una enseñanza mística que no guía a las almas a un estado trascendente lejos de nuestra existencia relativa. El camino de la Kabbalah es afirmativo a la vida, invitando al Kabbalista a interactuar con todos los niveles de la existencia y haciéndolos parte de su propia experiencia.

La ciencia, así como la hemos tratado en este libro, puede no tener una aproximación mística a la vida y, sin embargo, es también afirmativa a nuestras vidas. La ciencia de la microbiología y la física cuántica trabajan hacia la integración, la armonía, el balance y la síntesis. Tanto la Kabbalah como estas ciencias se ocupan del ser humano, acerca de cómo nos movemos y de cómo encontramos nuestro lugar dentro del mundo.

Adicionalmente, a pesar de que la mayoría del pensamiento científico no incluye a la consciencia dentro de su filosofía, rechazando todo excepto al pensamiento racional y deductivo, las disciplinas científicas analizadas en este libro sí incluyen a la consciencia. No sólo esto, sino que ellas consideran a la consciencia, así como lo hace la Kabbalah, como la base de todo el ser, o el lienzo metafísico sobre el cual la creación está siendo pintada.

En la forma moderna de ver a la microbiología, la interacción entre las células y cómo desarrollan y generan una nueva consciencia y experiencia es un ejemplo de cómo la consciencia es incluida. Es claro en este trabajo que la consciencia y la inteligencia dentro de toda la vida no están limitadas al cerebro, tal como pudimos haberlo pensado en el pasado. No, todas las partes existentes en el cuerpo humano son unidades de consciencia e inteligencia. Más aún, ellas se comunican, interactúan, intercambian y hacen posible cambiar su comportamiento fundamental dentro y fuera de la célula. La célula y su entorno están en continua comunicación la una con el otro, vinculados en un sistema de vida simétrico donde existen un orden y un propósito.

El Árbol de la Vida Kabbalístico y la Escalera de Jacob nos enseñan el mismo orden natural y una comunicación perpetua dentro de los diagramas simétricos de la enseñanza Kabbalística. Dentro de la cosmología de esta sabiduría Kabbalístico-científica vemos que los dos mundos no sólo se encuentran, sino que se mezclan juntos dentro de una síntesis refinada. La física y la metafísica explican la realidad en dos formas distintas y, aún así, complementarias. La física cuántica no es la excepción a esta idea, ya que la consciencia y el rol del observador juegan un papel verdaderamente importante en darle forma a nuestra realidad. La Kabbalah nos dice que desde el alma y el libre albedrío podemos interactuar con el mundo de tal forma que podemos influir en los procesos mundanos.

Hay una conexión inquebrantable entre el alma y el mundo en el cual estamos viviendo. La Kabbalah y la física cuántica dejan esto muy claro.
En esta conclusión espero poder alentar a los lectores a utilizar este conocimiento y sus implicaciones, y hacerse creaturas responsables en este mundo.

La responsabilidad, desde un punto de vista espiritual, significa que comenzamos por hacernos responsables de nuestras propias acciones y de lo que manifestamos en este mundo.

Este libro nos enseña que nos traemos a nosotros mismos al mundo continuamente a través de todo tipo de acciones, sea emocionalmente, psicológicamente, físicamente o de cualquier otra manera. Causamos que muchas cosas existan día tras día y la mayor parte de ello es generado inconscientemente. Debido a nuestra habilidad innata de ser una causación de la realidad, deberíamos ser conscientes de esta facultad dentro de nosotros y considerar las responsabilidades de nuestras acciones.

Además de esto, el ser humano es obviamente capaz de llevar a cabo trabajos mucho más elevados e incluso más nobles de lo que hemos considerado posible hasta ahora. Para el Kabbalista, el trabajo más noble de todos es la Gran Obra o el trabajo de la unidad. Es claro que las ciencias analizadas en este libro también se están moviendo hacia esta Gran Obra.

Todos estamos en nuestro camino, viajando y existiendo dentro de ese gran misterio que podría parecer muy lejano y, sin embargo, está más cerca que nuestros propios corazones. Te deseo lo mejor en tu viaje.

Mike Bais, Países Bajos, 2024.